30 erlebnisreiche Ausflüge

Das Familien–
Winter-Abenteuer-Buch
Bayerische Voralpen

J. BERG

1 Zugspitze

Inhalt

8 Ostermarkt Bad Tölz

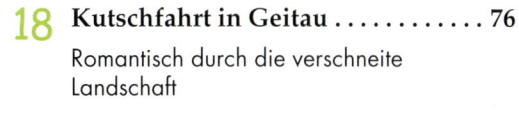

13 Vitaltherme Schliersee

24 Rodeln an der Kala-Alm

27 Premium-Winterwanderwege in Reit im Winkl

Tourenüberblick

Tour		🚶km	⛰	🕐	🗺								
1	Zugspitze	—	—	beliebig	ab 3–4								
2	Partnachklamm	5,8 km	110 m	2 Std.	ab 2–3								
3	Magdalena-Neuner-Panoramaweg	4,8 km	313 m	2 Std.	ab 4								
4	Herzogstand	4 km	170 m	2 Std.	ab 4								
5	Circus Krone	—	—	2,5 Std.	ab 3–4								
6	Reiseralm	3,8 km	200 m	1 Std.	ab 2–3								
7	Marionettentheater und Planetarium Bad Tölz	—	—	je 60–75 Min.	ab 3–4								
8	Ostermarkt Bad Tölz	—	—	beliebig	ab 2–3								
9	Naturkäserei Tegernsee	—	—	1,5 Std.	ab 2–3								
10	Kletter- und Boulderzentrum Weyarn	—	—	beliebig	ab 3–4								
11	Bergtierpark Blindham	—	—	beliebig	ab 2–3								
12	Schlittschuhlaufen in Holzkirchen	—	—	beliebig	ab 4								
13	Vitaltherme Schliersee	—	—	beliebig	ab 1–2								
14	Obere Firstalm	2,5 km	260 m	1 Std.	ab 3–4								
15	Nachtrodeln von der Wallner Alm	—	—	beliebig	ab 2–3								
16	Aussichtspunkt Irschenberg	2 km	80 m	0,5 Std.	ab 3–4								
17	Pferdeschlittenrennen Fischbachau	—	—	beliebig	ab 1–2								
18	Kutschfahrt in Geitau	—	—	1,5 Std.	ab 2–3								
19	Langlaufen in Bayrischzell	—	—	beliebig	ab 4								
20	Wintererlebnispark Tannerfeld	—	—	beliebig	ab 1–2								
21	Skifahren im Sudelfeld	—	—	beliebig	ab 1–2								
22	Winterspaziergang an der Mangfall	—	—	beliebig	ab 2–3								
23	Rodeln am Riederstein	2 km	300 m	60–75 Min.	ab 3–4								
24	Rodeln an der Kala-Alm	3,5 km	400 m	60–75 Min.	ab 4								
25	Priener Hütte	6,5 km	700 m	2,5 Std.	ab 4								
26	Hexenwiese SkiWelt Söll	—	—	beliebig	ab 2–3								
27	Premium-Winterwanderwege in Reit im Winkl	6,3 km	60 m	1,5 Std.	ab 2–3								
28	Drei-Seen-Wanderung Ruhpolding	11,6 km	70 m	3,5 Std	ab 3–4								
29	Alpaka-Wanderung in Inzell	3,4 km	20 m	2 Std.	ab 3–4								
30	Predigtstuhl	1,3 km	85 m	1 Std.	ab 3–4								

Vorwort

Erlebnisse für die ganze Familie

Die Auswahl in unserem Winter-Abenteuer-Buch richtet sich in erster Linie an Familien mit Kindergarten- und Grundschulkindern. Wir haben versucht, in der Auswahl der Erlebnisse einen Kompromiss zwischen den Bedürfnissen der Kinder und denen der Eltern zu finden. Laut unseren Kindern ist uns dies auch relativ gut geglückt. Sie hatten zumindest an den Erlebnissen genauso viel Spaß wie wir. Und sind wir mal ehrlich, welcher Vater fährt nicht gerne ganz wild Schlitten? Bei der Auswahl der Erlebnisse wurden wir auch selbst sehr überrascht, insbesondere wollen wir hier das Marionetten-Theater mit dem Planetarium Bad Tölz erwähnen. Das hatten wir alle noch nicht gekannt und waren beim Besuch wirklich erstaunt, wie gut es uns (den Eltern) und unseren Kindern gefallen hat. Wir hoffen und wünschen uns, dass Sie genauso viel Spaß bei den verschiedenen Aktivitäten haben wie wir und wünschen nach alter Skifahrerart: Halsund Beinbruch.

Vagen, Herbst 2019
Martin und Dominique Lurz mit Lina und Lotta

Linke Seite: Schneemannbauen
für Fortgeschrittene

Wissenswertes zu den Touren

Anfahrt

Zu jeder Tour gibt es eine allgemeine Anfahrtsbeschreibung. Zusätzlich sind die genauen Adressdaten erwähnt, mit denen das Navigationsgerät den Ausgangspunkt schnell findet.

Gehzeiten

Die angegebenen Gehzeiten sind als Gesamtzeit zu verstehen, umfassen somit den Hin- und Rückweg. Bedenken Sie jedoch, dass diese Zeiten, v.a. im Winter, wirklich sehr individuell sind. Manchmal dauern die Touren länger, weil die Kinder noch einen Schneemann bauen oder eine Schneeballschlacht mit den Eltern veranstalten müssen. Oder sie müssen sich noch ganz dringend

Auf die Mama/den Papa, fertig, los!

auf Schneespur-Suche begeben, da kann die Zeit ziemlich schnell vergehen. Verstehen Sie daher die teilweise angegebenen Zeiten eher als grobe Richtlinie und planen Sie daher ausreichend Zeit ein. Denn Touren, die wegen Zeitdruck (z. B. Dunkelheit, Wetterlage) beendet werden müssen, enden bei Kindern oft mit Tränen oder Unverständnis.

Ausrüstung und Gepäck

Im Winter ist erst mal warme und atmungsaktive Kleidung (u. a. Skiunterwäsche) sehr wichtig. Achten Sie auch auf warme und wasserdichte Schuhe, besonders wenn es nicht ganz kalt und der Schnee sehr nass ist. Wichtig sind dann für die Autofahrten zum Erlebnis Ersatzschuhe und Ersatzsocken, falls die Füße doch einmal nass geworden sind. Allgemein sind Ersatzklamotten äußerst sinnvoll, denn die Kleidung wird beim Spielen im Schnee garantiert nass oder wenigstens feucht. Insbesondere für die Kinder sollte zudem immer ein Paar Ersatzhandschuhe eingepackt werden. Erwachsene sollten natürlich auch auf

Eisbilder in der Mangfall entdecken

ihre Kleidung achten, denn wenn man länger in der Kälte stehen muss, kann auf den ersten Blick warme Kleidung mit der Zeit nicht ausreichend sein. Generell bewährt sich das sogenannte Zwiebel-Prinzip. Bei den vielen winterlichen Aktivitäten

Eisvorhänge in der Partnachklamm

Rechts: Schneespaß am Predigtstuhl

(z. B. Skifahren, Schlittschuhlaufen, Rodeln usw.) kann man sich die Ausrüstungsgegenstände meist ausleihen. Dies hat den Vorteil, dass man sie bei Nichtgefallen wieder zurückgegeben kann und das Preis-Leistungs-Verhältnis meistens stimmt. Gerade bei Rodeltouren hat es den Vorteil, dass man den Schlitten nicht den Berg hochziehen muss (oft kommt dann ein Kind auch noch auf die Idee, sich auf den Schlitten zu setzen, den der arme Papa ziehen muss …). Ansonsten ist es bei Gefallen natürlich besser, sich eine eigene Ausrüstung zuzulegen. Kinderausrüstungen kann man sehr gut und günstig bei diversen Skibasaren erstehen, da ein Skiset für Kinder in der Regel nur eine Saison hält. Die Skisets dort haben meist eine gute Qualität und sind auch häufig nur eine Saison gefahren worden – bedingt dadurch, dass Kinder so schnell wachsen.

Proviant

Proviant ist manchmal auch eine gute Möglichkeit, Kinder zum Weiterlaufen zu motivieren. Entweder mit dem Suchspiel »Wo ist die nächste Bank, dort gibt es was zu essen, trinken, eine Sü-

ßigkeit!« oder, als kurzer Motivationsschub, immer mal wieder ein Gummibärchen, Obst usw. Was in die Brotzeitbox kommt, entscheiden Sie am besten nach dem eigenen Geschmack bzw. nach dem Geschmack Ihrer Kinder. Im Winter sollte zudem eine Thermoskanne mit einem warmen Getränk nicht fehlen. Natürlich motiviert auch die Aussicht auf ein warmes Getränk oder einen leckeren Kaiserschmarrn in einer urigen Almhütte.

Rasante Mädelsabfahrt an der Kala-Alm

Unterhaltung für die Kids

Irgendwann fallen sicher einmal die Sätze »Ich kann nicht mehr!«, »Ich mag nicht mehr!« oder »Ist es noch weit?«. Kinder benötigen daher immer wieder mal eine kleine Abwechslung bzw. Ermunterung zum Weitermachen. Wir haben hier einige Tipps zusammengestellt, die hoffentlich für Motivation sorgen.

Gerade für kleinere Kinder ist es spannend, wenn sie kleine »Schätze« im weißen Schnee finden (die z. B. der Papa vorher unbemerkt fallengelassen hat).

Veranstalten Sie doch mal einen Schneeball-Weitwurf-Wettbewerb und versuchen aus circa 3 bis 4 Metern Entfernung einen Baumstamm zu treffen.

Auch auf Tierspuren-Suche können die Kids gehen, da Tiere im Winter gut sichtbare Spuren im Schnee hinterlassen. Zählen Sie doch gemeinsam, wie viele verschiedene Spuren Sie finden.

Machen Sie die Minis auch auf Staunenswertes in der Natur aufmerksam, das können verwurzelte, mit Schnee bedeckte Bäume sein oder ein vereister Flusslauf. Meist fallen diese den Kindern sowieso eher auf als uns Erwachsenen.

Ein praktischer Begleiter auf Spaziergängen und Wanderungen ist eine einfache Lupe. Unsere jüngere Tochter hatte beispielsweise öfter ihren »Forschergürtel« mit diversen Utensilien dabei, in der Hoffnung, die Spur eines Schneehasen zu entdecken.

Die größte Motivation jedoch sind Kinder. Kinder motivieren sich in wunderbarer Weise gegenseitig und spornen sich immer wieder an. Also, warum nicht mal gemeinsam mit Freunden ein Winter-Abenteuer erleben?

Rodeltipps

Gerade beim Skifahren, Rodeln oder Snowtuben gibt es einige Dinge, die es zu beachten gilt. Einige wesentliche Punkte wollen wir hier nochmals kurz aufführen:

Bei den meisten Rodelabfahrten entspricht der Aufstieg auch der anschließenden Abfahrt. Vorteil daran ist, dass man sogleich scheinbar gefährliche bzw. beachtenswerte Stellen erkennt. Allerdings muss man auch immer wieder mit abfahrenden Rodlern rechnen. Gerade mit Kindern ist hier also Vorsicht geboten!

● Gehen Sie immer in den Innenkurven und bleiben niemals in einer Kurve stehen. Besser ist es auch, gerade an unübersichtlichen Stellen, hintereinander zu laufen.

● Bei der Rodelabfahrt muss man stets bremsbereit sein!

● Die beste Bremstechnik ist mit beiden Füßen am Boden, dadurch verlangsamt sich die Fahrt, v. a. mit Hackeneinsatz.

Brotzeit auf dem Herzogstand

Links: Papa fast im Schnee versunken

● Und was die Lenktechnik anbelangt, sollte man Folgendes wissen: Möchten Sie nach rechts fahren, setzt man den Fuß rechts auf, mit dem linken Fuß lenkt man nach links. Auch die Verlagerung des Körpergewichts unterstützt die Lenkweise.

● Sollte ein Sturz passieren, verlassen Sie sofort die Rodelbahn.

● Bei Nachtfahrten sollten Sie an eine Stirnlampe denken.

● Kinder sollten vorsichtshalber einen Helm tragen und gegebenenfalls sogar eine Skibrille.

Karwendelpanorama

Garmisch-
Partenkirchen
bis Tegernsee

1 Zugspitze

Höchster Berg Deutschlands

Leicht — — beliebig

Tourencharakter
Bahnfahrt, Schneeerlebnis

Anfahrt
Autobahn München–Garmisch-Partenkirchen (A95), bis zum Autobahnende, über die B2 auf die B23 Richtung Fernpass/Reutte/Grainau/Garmisch, links in die Loisach-straße abbiegen, der Eibsee-straße bis zum Ziel folgen.

Navigationsangabe
Hubertusweg 12, 82491 Grai-nau (GPS-Daten 47.455991, 10.994350)

Ausgangs-/Endpunkt
Parkplatz an der Zugspitz-Seilbahn

Einkehr
Gletscherrestaurants Sonnal-pin, Gletschergarten, Pano-rama 2962, Eibsee-Alm

Information
www.zugspitze.de

Rodeln im Winter wie auch im Sommer auf Natur-schnee? Das geht – allerdings auf 2.962 m Höhe, auf der Zugspitze. Zugegeben, die Fahrt mit einer der Bahnen ist für eine Familie nicht günstig, aber sie lohnt sich den-noch. Ein 360-Grad-Panorama eröffnet den Blick auf über 400 Gipfel in Deutschland, Österreich, Italien und der Schweiz.

Das Königserlebnis in den bayrischen Alpen. Die Tour startet man am besten am Eibseebahnhof der Zugspitzbahn. Erstens ist hier ein großer Park-platz und zweitens kann man sich hier direkt eine Karte für die komplette Zug- und Seilbahn-Tour

Lina und Lotta:
»So viel Schnee – und wie hell der leuchtet.«

Blick auf den Eibsee

kaufen. Mit der Zahnradbahn zu fahren, ist ein ganz besonderes Erlebnis, da die Steigungen, die mit der Zahnradbahn möglich sind, echt erstaunlich sind. Teilweise erklärt der Zugführer auch, wie die Bahn gebaut wurde und er hält an der Station Riffelriss an, damit man aussteigen und Fotos von der wundervollen Landschaft machen kann.

Blick auf die Sonnalpin

Nun geht es hinein in den Tunnel. Dieser führt jetzt circa 4 Kilometer bis zum Endbahnhof am Zugspitzplatt direkt an der Sonnalpin-Alm. An der Alm kann man schon mal das Platt erkunden, das ohne Schnee teilweise einer Mondlandschaft ähnelt und auf dem im Winter die Skifahrer bereits losfahren können. Ein temporär begehbarer Gletscherwanderweg führt in einer guten halben Stunde über den Zugspitzgletscher zu der Aussichtsplattform Windloch. Falls die Sonne scheint, sollte man auf keinen Fall die

Tipp

Auf der Terrasse des Gletscherrestaurants Sonnalpin-Alm kann man sich kostenlos Zipfelbobs ausleihen.

Sonnenbrille vergessen, da der Schnee extrem hell leuchtet. Von der Sonnalpin-Alm geht es dann mit der Gipfelseilbahn weiter bis zum Zugspitzhaus und zum Gipfel. Mit der Gipfelbahn hat man auch nochmal einen kompletten Überblick über das Zugspitzplatt mit dem Schneefernerhaus und den verschiedenen Pisten. Oben am Zugspitzhaus genießt man einen wunderbaren Rundumblick. Egal, in welche Richtung man blickt, kann man immer etwas Neues entdecken. Wer Lust auf eine Rodelpartie hat, kann bei ausreichender Schneelage auf der Rodelstrecke vor dem Restaurant Gletschergarten in Richtung Zugspitzgletscher rodeln. Hat man die Aussicht genossen und die Bergstation mit allen Aussichtsplattformen erkundet, steht ein weiteres Highlight an: die Abfahrt mit der neuen Gondel der Zugspitzbahn. Diese ist rundherum bis zum Boden verglast und bietet so einen unvergesslichen Blick auf den Eibsee und Garmisch-Partenkirchen. An der Talstation ist es dann nur noch ein kurzes Stück zu Fuß wieder zurück zum Parkplatz am Bahnhof der Zahnradbahn.

Tipp

Auf der Zugspitze gibt es sogar ein Iglu-Hotel!

Rechte Seite: Die höchsten Mädels Deutschlands

Balancieren auf der Zugspitze

2 Partnachklamm

Ein eisiges Naturschauspiel

Leicht	5,8 km	110 m	2 Std.

Tourencharakter
Wandern auf Teerstraße und Steig

Anfahrt
Autobahn München–Garmisch (A95) bis zum Autobahnende, über die B2 direkt nach Garmisch-Partenkirchen, dort der Ausschilderung Skistadion folgen.

Navigationsangabe
Karl-und-Martin-Neuner-Platz, 82467 Garmisch-Partenkirchen (GPS-Daten 47.482334, 11.118674)

Ausgangs-/Endpunkt
Parkplatz am Olympia-Skistadion (gebührenpflichtig)

Einkehr
Olympiahaus Garmisch-Partenkirchen, Karl-und-Martin-Neuner-Platz 1, 82467 Garmisch-Partenkirchen, Tel. 08821/730 96 99, www.olympiahaus-gapa.de

Information
Tourist-Information Garmisch-Partenkirchen, Richard-Strauss-Platz 2, 82467 Garmisch-Partenkirchen, Tel. 08821/18 07 00, www.gapa.de

Meterhohe Eiszapfen, wilde Eisvorhänge und Felsen, die von einer glatten, klaren Eisschicht überzogen sind. All das sind Gründe genug für einen Besuch der Partnachklamm im Winter. Ein Naturdenkmal, das jährlich circa 300 000 Besucher in seinen Bann zieht. Den Fotoapparat bzw. das Handy sollte man hier ständig griffbereit haben.

Die Tour startet am Parkplatz des Olympia-Skistadions. Ein kurzer Abstecher in das Stadion lohnt sich, um die gigantische Skisprungschanze aus der Nähe zu betrachten. Wir folgen der Beschilderung zur Partnachklamm

Lina: »Sogar am Geländer waren Eiszapfen.«

Eiszapfenparade an der Partnach

und wandern die Wildenauer Straße, entlang der Partnach, etwa 20 bis 30 Minuten bis zu unserem Ziel. Eine bequemere Alternative wäre eine Fahrt mit der Pferdekutsche, die hinter dem Stadion bereitsteht und einen fast bis ans Ziel bringt.

Direkt nach dem Kassenhäuschen beginnt das einzigartige Naturschauspiel. Auf der gegenüberliegenden Seite der Klamm sind bereits die ersten Eisvorhänge zu entdecken. Doch selbst diese schon großen Eiszapfen verblassen angesichts der gewaltigen Eissäulen und Eisvorhänge, die im Inneren der Klamm von ganz oben bis zur Partnach herunter reichen. Selbst in vielen der 9 Tunnel hängen Eiszapfen, die die Kinder natürlich dazu verleiten, einen mitzunehmen. Nach jeder Biegung und Öffnung der Tunnel sieht man weitere imposante Eisstrukturen, die man kaum für möglich hält. Dank der gesicherten Wege und Tunnelanlagen ist die Klamm mit trittsicherem Schuhwerk sehr gut begehbar. Am Ende der Klamm wird man vielleicht wieder mit einigen Sonnenstrahlen belohnt, die willkommen wärmen und die Ge-

Tipp

Am Dreikönigstag findet alljährlich das Hornschlittenrennen auf traditionellen Holzschlitten statt.

Hoffentlich friert der Eiszapfen nicht an der Nase fest.

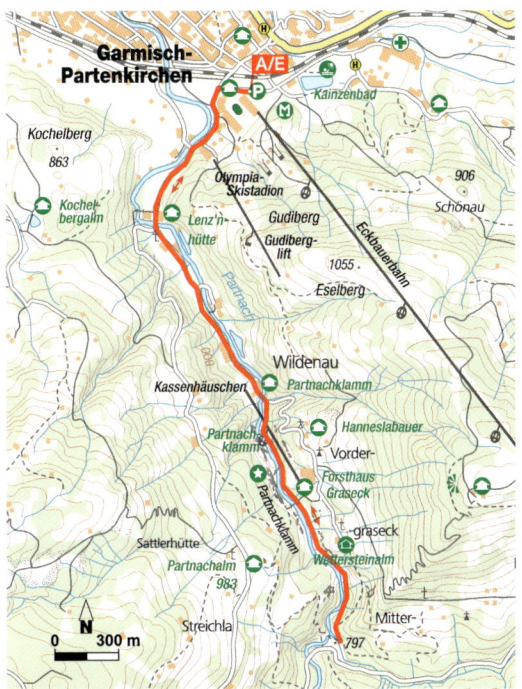

birgskette im Süden in Szene setzen. Der Rückweg erfolgt auf dem gleichen Weg, bei dem wir die Eis-Szenerie nochmals aus einem anderen Blickwinkel betrachten können.

Im Gegensatz zu anderen Klammen hat die Partnachklamm im Winter nahezu durchgehend geöffnet. Dennoch sollte man sich vor seinem Besuch informieren, ob die Klamm nicht aus Sicherheitsgründen geschlossen werden musste. Auf der offiziellen Website www.partnachklamm.eu erhält man tagesaktuelle Informationen zur Öffnung bzw. Schließung der Klamm.

Am Ende der Partnachklamm

Lotta: »Hier gibt es schöne, große Eiszapfen.«

In der Partnachklamm

3 Magdalena-Neuner-Panoramaweg

Aussicht über Isartal und Karwendel

Mittel   4,8 km   313 m   2 Std.

Tourencharakter
Wandern auf Panoramaweg

Anfahrt
Autobahn München–Garmisch (A95) bis Ausfahrt Sindelsdorf, über die B473 auf die B11 Richtung Mittenwald/Innsbruck. In Wallgau kurz nach der Tourist-Info in die Wettersteinstraße einbiegen und Richtung Haus des Gastes (gebührenpflichtiger Parkplatz).

Navigationsangabe
Parkplatz Haus des Gastes Wallgau (GPS-Daten 47.517839, 11.277665)

Ausgangs-/Endpunkt
Parkplatz Haus des Gastes Wallgau

Einkehr
Berggasthof Maxhütte, Am Barmereck 12, 82499 Wallgau, Tel. 08825/15 82, www.maxhuette-wallgau.de

Information
Tourist-Information Wallgau, Ammergauer Straße 8, 82488 Ettal, Tel. 08822/92 36 34, www.ammergauer-alpen.de

Im Heimatort der Biathletin Magdalena Neuner, in Wallgau, hat man ihr nicht nur eine schöne und leichte Loipe gewidmet, sondern auch einen Panoramaweg auf ihrem Hausberg, den Krepelschrofen. Von diesem Berg hat man in jeder Jahreszeit einen herrlichen Blick auf den Karwendel sowie das Wettersteingebirge.

Der Panoramaweg startet auf dem Parkplatz am Haus des Gastes in Wallgau. Ab hier ist der Weg bereits gut ausgeschildert. Praktischerweise kann man direkt in die Magdalena-Neuner-Loipe einsteigen. Die Loipe ist flach und sehr gut für Anfänger in der klassischen und der Skating-Technik geeignet. Die Aussicht in der Loipe ist auch phänomenal, dennoch nicht ganz so spektakulär wie vom Krepelschrofen aus.

> Lina: »Wir mussten unter umgefallenen Bäumen durch.«

Hoffentlich hält das Dach.

Sonne überm Karwendel

Vom Parkplatz geht man westlicher Richtung aus dem Ort heraus, bis man auf die Barmseestraße trifft, dieser folgt man Richtung Berg. Am Waldrand sieht man schon den nächsten Wegweiser, dem man bergauf rechter Hand folgt. Nachdem man die
Straße Sonnleiten überquert hat, sieht man bereits den gut geräumten Panoramaweg, dem
man leicht bergan folgt. Dabei erfährt man auf
insgesamt 28 Infotafeln viel über den Werde-
gang von Magdalena Neuner. Nach diversen
Aussichtsstellen und einer kurzen Rastgele-
genheit in Form einer überdachten Bank kann
man links steiler bergauf den Abstecher auf den
Krepelschrofen machen. Bei uns war dieser Weg
leider durch heftigen Schneebruch versperrt und
wir mussten ab hier leicht bergab den Panorama-

Tipp

Der Skiclub Wallgau und der
fränkische Schlittenhundeverband
veranstalten in den Wintermonaten
ein Schlittenhunderennen mit knapp
1000 Huskys.

Spurensuche auf dem Krepelschrofen

weg weiter am Berg entlang Richtung Norden und zum Berggasthof Maxhütte gehen. Falls der Weg jedoch frei ist, sollte man
ihn auf jeden Fall gehen. Wir haben ihn auch schon zu anderen
Zeitpunkten bestiegen. Der Abstecher geht in Serpentinen teilweise recht zügig bergauf, ist aber immer gut ausgeschildert.
Oben kann man auf einer Lichtung gut verweilen, die Aussicht
über Wallgau, Krün, das Bergpanorama sowie das Isartal genießen und falls möglich (Schneehöhe) auf den zahlreichen Bänken
ein kurzes Picknick machen.

Lotta: »Der
Schnee glitzerte
so schön.«

Nach dem Abstecher geht man unten, wie bereits beschrieben,
weiter in Richtung Norden und folgt dem Weg, bis man wieder
den Wald verlässt, links hinunter zur B11. Hier muss man leider
die vielbefahrene Bundesstraße queren, wenn man noch zum
Berggasthof Maxhütte will. Man kann aber auch hier ab-
kürzen und durch den Ort direkt zurück zum Parkplatz
wandern. Möchte man zum Berggasthof, quert man die
B11 und folgt dieser ein kurzes Stück Richtung Norden
auf dem östlichen Fahrradweg und biegt an einem Parkplatz rechts ab. Nun ist man auch gleich wieder im Wald
und folgt dem Wegweiser rechts bergan zur Maxhütte.
Am Berggasthof angekommen, kann man die verdiente
Brotzeit genießen und den etwas anderen Blickwinkel
auf die Landschaft, die nun auch den Krepelschrofen um-
fasst. Der Rückweg erfolgt über den gleichen Weg oder
die Abkürzung über den Ort Wallgau.

Über, unter und durch den
Schneebruch

4 Herzogstand

Märchenort von König Ludwig II.

| Schwer | 4 km | 170 m | 2 Std. |

Tourencharakter
Wandern auf Wanderweg
bzw. -steig

Anfahrt
Autobahn München–Garmisch
(A95), Ausfahrt Murnau/Ko-
chel am See, Richtung Kochel
am See, über die B11 nach
Walchensee, dort der Aus-
schilderung Herzogstandbahn
folgen.

Navigationsangabe
Am Tanneneck 6, 82432
Kochel am See (GPS-Daten
47.596219, 11.317078)

Ausgangs-/Endpunkt
Parkplatz an der Herzogstandbahn

Einkehr
Berggasthaus Herzogstand,
Familie Zauner, Montag bis
Donnerstag geschlossen,
Tel. 08851/234, www.berg-
gasthaus-herzogstand.de

Information
Tourist-Information Kochel
am See, Bahnhofstraße 23,
82431 Kochel am See,
Tel. 08851/338,
www.kochel.de

Der Herzogstand: Lieblingsberg der Könige. Auf dem Gipfel erwartet einen ein sagenhaftes Alpenpanorama über das Wetterstein- und Karwendelgebirge bis in die Tiroler Berge hinein. Zum 100. Todestag von König Ludwig II. wurde auf dem Berg sogar ein Denkmal für diesen errichtet.

Los geht es mit dem ersten Highlight der Tour an der Talstation der Herzog-standbahn. In etwa vier Minuten Fahrt bringt uns eine der beiden geräumigen Kabinenbahnen (mit einer Spitzengeschwindigkeit von 8 m/s) 800 Höhenmeter nach oben bis auf den Fahrenberg. Bereits hier wartet ein

Lotta: »Ich kann die ganze Welt sehen.«

Beste Fernsicht

28

spektakulärer Ausblick auf den Walchensee, den Karwendel sowie das Wettersteingebirge (für genauere Beobachtungen steht
ein kostenpflichtiges Fernglas zur Verfügung).
Ab der Bergstation führt nun ein gut ausge-
bauter, ebener Weg in etwa zehn Minuten zum
ganzjährig bewirtschafteten Berggasthaus Herzogstand. Insbesondere kleinere Kinder sollten
hier unbedingt an die Hand genommen werden,
da es auf der linken Seite steil bergab geht. Unterwegs kann man einige Schautafeln des neu an-
gelegten Panorama-Naturlehrpfades entdecken,
die über Fauna und Flora sowie spezielle Besonderheiten am
Herzogstand informieren. Kurz bevor wir das Berggasthaus erreichen, haben wir einen guten Blick auf den serpentinenartigen
Aufstieg zum Herzogstand, den Gipfelpavillon sowie das Gipfelkreuz.

Herrliche Aussicht auf den
Walchensee

Tipp

Im Berggasthaus Herzogstand kann
man auch in Zimmern übernachten.

Es geht auch ohne Schlitten.

Lina: »Die Aussicht auf die ganzen Berge ist toll.«

Das Berggasthaus Herzogstand ist Ausgangspunkt für viele Wanderungen, z. B. einen Abstecher zur Fahrenberg-Kapelle, zum Martinskopf oder sogar die Gratwanderung zum Heimgarten (erst für Kinder ab etwa sieben Jahren, mit Seilsicherung und Helm; Trittsicherheit und Schwindelfreiheit werden vorausgesetzt). Ab dem Gasthof führt uns der Winterwanderweg nun die sieben Kurven zunächst zum Gipfelkreuz und weiter zum Aussichtspavillon auf dem Herzogstand. Bereits ab dem Gipfelkreuz haben wir schon einen wunderschönen Blick auf das Alpenpanorama mit den Osterseen, dem Starnberger See, dem Kochel- und Walchensee und München. Am Pavillon wird dieser Ausblick noch getoppt durch einen Rundumblick auf die Alpen und das Alpenvorland. Nach einer ausgiebigen Brotzeit- und Besichtigungspause geht es auf demselben Weg hinab zum Berggasthaus und wieder zur Bergstation der Herzogstandbahn.

Unten: Im Winter kann man einen Berg auch runterrollen.

31

Kinderwissen

Es gibt einige Tiere, die den »Schnee« im Namen tragen. Sicher kennt ihr die Schnee-Eule oder den Schnee-Hasen. Es gibt aber auch ein Schnee-Huhn, einen Schnee-Fuchs, eine Schnee-Maus, einen Schnee-Floh und sogar einen Schnee-Leoparden. Drei Schnee-Tiere wollen wir euch kurz vorstellen.

Die Schnee-Eule

Typisch für die Schnee-Eule ist ihr runder Kopf mit den großen, gelben Augen und einem schwarzen Schnabel. Ihren Kopf können Eulen bis zu 270 Grad drehen. Oft sitzen Schnee-Eulen stundenlang auf einem Felsen oder einem hohen Baum und halten Ausschau nach Beute. Schnee-Eulen

Schnee-Hase in freier Wildbahn

Schnee-Eule im Sommerkleid

Schnee-Huhn im Winterkleid

kann man an ihrem Gefieder erkennen. Weibchen haben meistens helle Federn mit schwarzen Linien, wohingegen männliche Schnee-Eulen mit zunehmendem Alter immer weißer werden. Schnee-Eulen leben nur in den nördlichsten Regionen der Erde, wie z. B. in Island, Kanada, Sibirien oder Alaska.

Der Schnee-Hase

Im Winter sieht man einen Schnee-Hasen eher selten, da er mit seinem Fell perfekt getarnt ist. Zu seinem eigenen Schutz, denn schon ein Monat nach der Geburt ist der Schnee-Hase auf sich alleine gestellt. Im Sommer kann man den Schnee-Hasen nur schwer von einem Feldhasen unter-

scheiden, da sich sein Fell ebenfalls grau-braun färbt.
Es gibt jedoch einen »Trick«, um die beiden auseinanderzuhalten: Der Schnee-Hase hat kürzere Ohren, ist etwas kleiner und hat zudem hellgelbe Augen.

Das Schnee-Huhn

Schnee-Hühner leben in unseren bayerischen Alpen. Auch sie tarnen sich im Schnee richtig gut, so dass man sie oft erst sieht, wenn sie wegfliegen. Im Sommer haben Schnee-Hühner, genau wie die Schnee-Hasen, braunes Gefieder. Das Schnee-Huhn lebt vorwiegend am Boden und ernährt sich meistens von Blättern, Blüten oder Beeren.

5 Circus Krone

Eintauchen in die Welt der Akrobatik

Leicht — — 2,5 Std.

Tourencharakter
Zirkusbesuch

Anfahrt
Öffentliche Verkehrsmittel

Navigationsangabe
Marsstraße 43, 80335 München (GPS-Daten 48.145463, 11.550039)

Ausgangs-/Endpunkt
Circus-Krone-Bau

Information
Circus Krone, Marsstraße 43, 80335 München, Tel. 089/545 80 00, www.circus-krone.com

Nach Weihnachten, wenn der Circus Krone im Winterquartier ist, beginnt die Zeit, in der die drei Winterprogramme des Zirkus beginnen. Im Circus-Krone-Bau ist man vor Wetter-Unbill geschützt und kann die Vorstellung genießen.

Der Circus Krone ist einer der wenigen Zirkusse mit Weltruf, in dem man nicht nur internationale Künstler, Akrobaten und Magier sieht, sondern auch die berühmten weißen Löwen. Schon, wenn man in den Bau hineingeht, wird man von dem besonderen Zirkusflair umgeben. Es erinnert tatsächlich immer ein bisschen an die Zeit der Filme in Technicolor. Alles ist ein bisschen bunter, die Zuckerwatte ein bisschen süßer

> Lina: »Ich bin durch die Manege geschwebt.«

Stars in der Manege

und das Popcorn etwas knuspriger als anderswo. Und sobald die Vorstellung beginnt, ist man in der Magie des Augenblicks. Man staunt über die unglaublichen Tricks der Magier, man lacht über die albernen Scherze der Clowns, man fiebert mit bei den Auftritten der Luftakrobaten und man möchte am liebsten auch so mit einem Löwen schmusen wie der Tiertrainer. Erwachsene, teilweise auch sehr alte Erwachsene haben bei der Vorstellung ein besonderes Leuchten in den Augen und fühlen sich in ihre Kindheit zurückversetzt. Und die circa zweieinhalb Stunden der Vorstellung verfliegen viel zu schnell.

Natürlich gibt es immer wieder die Vorbehalte gegen den Zirkus, insbesondere gegen die Tierdressuren, jedoch muss man den Verantwortlichen zugutehalten, dass sie eine strikte Offene-Stalltür-Politik verfolgen. Man kann sich die Unterbringung der Tiere anschauen und die Trainer wollen, soweit wir das prüfen konnten, mit Interessierten ins Gespräch kommen, um auch ihre Sicht der Dinge darzulegen. Während der Vorstellungen mit den Tieren hat man auch nie das Gefühl, dass die Tiere zu den Nummern gezwungen werden, sondern es herrscht eine Stimmung des gegenseitigen Respekts und der gegenseitigen Wertschätzung.

Tipp

Nutzen Sie öffentliche Verkehrsmittel, um zum Zirkusgelände zu kommen.

Jetzt mal 'ne Pause

Pferdchen, lauf Galopp!

Lina ganz mutig.

6 Reiseralm

Auf zur Wildtierfütterung

| Mittel | 3,8 km | 200 m | 1 Std. |

Tourencharakter
Wandern auf Forststraße

Anfahrt
Autobahn München–Salzburg (A8), Ausfahrt Holzkirchen, über Bad Tölz nach Lenggries, dort der Ausschilderung Brauneck-Bergbahn folgen.

Navigationsangabe
Bergbahnstraße, 83661 Lenggries (GPS-Daten 47.675913, 11.554662)

Ausgangs-/Endpunkt
Parkplatz an der Brauneck-Bergbahn

Einkehr
Reiseralm, 83661 Lenggries, (Montag Ruhetag, in den Winterferien kein Ruhetag), Tel. 08042/83 02, www.reiseralm.de

Information
Gästeinformation Lenggries, Rathausplatz 2, 83661 Lenggries, Tel. 08042/500 88 00, www.lenggries.de

Neben dem Skizirkus um die Brauneck-Bergbahn versteckt sich ein kleines, aber feines Ausflugsziel für Familien. Die Reiseralm lockt mit einem Wildgehege, einem kleinen Spielplatz, einer tollen Aussicht und einem »griabigen« Hüttenwirt.

Die Tour startet am Parkplatz der Braunecker Bergbahn. Geht man vom Parkplatz zu den Häusern und Hütten der Skischulen, sieht man bereits von Weitem die gelben Hinweisschilder, die auf die Reiseralm und die Rodelbahn nach links weisen. Wir folgen diesen Schildern an der Kabinenbahn vorbei, bis wir auf einer gut ausgebauten Forststraße rechts in den Wald einbiegen.

> Lina: »Wir durften in der Traktor-Baggerschaufel vom Almbauern mitfahren.«

Diese Straße (zugleich die Rodelstrecke, daher Vorsicht beim Aufstieg) führt uns direkt zur Reiseralm. Die Strecke ist recht abwechslungsreich, da sie ab und zu die Seile der Kabinenbahn unterquert und Einblicke auf die Skistrecke und das Isartal bietet. Bald erreichen wir das Rotwildgehege, aus dem uns neugierig die Hirsche beobachten. Etwas weiter oben kann man auch

Wer ist schneller – Kugel oder Lina?

Mit Hirsch auf du und du

schon die Alm erspähen. Wir gehen nun immer weiter links am Gehege vorbei. Kurz führt die Forststraße vom Gehege weg. Hier kann man auch den Fußweg am Zaun entlang, vorbei an der Futterstelle, weiter zur Alm aufsteigen.

In der gemütlichen Alm lässt man sich jetzt einen warmen Kakao und ein Stück Kuchen schmecken. Von der Aussichtsterrasse hat man einen herrlichen Blick auf das verschneite Isartal und auch auf die Wildtierfütterung. Täglich gegen 15:30 Uhr »ruft« der Hüttenwirt sein Rotwild zur Brotzeit, das daraufhin friedlich zur Futterkrippe marschiert. Einige Fotos oder Videos später geht es auf dem gleichen Weg zurück, entweder rasant mit dem Rodel oder zu Fuß.

Tipp

Seit der Wintersaison 2018/2019 gibt es im Skigebiet Lenggries eine neue Attraktion: Schlittenfahrer können sich ganz bequem mit einem Zielhangschlepplift auf den Berg hinaufziehen lassen und entspannt auf einer separat abgesperrten Rodelpiste ins Tal sausen. Spezielle Rodel können vor Ort ausgeliehen werden.

7 Marionettentheater und Planetarium Bad Tölz

Märchenhaftes und Fantastisches

Leicht — — Je 60–75 Min.

Tourencharakter
Besuch von Marionettentheater
und Planetarium

Anfahrt
Autobahn München–Salzburg
(A8), Ausfahrt Holzkirchen,
über die B318 und B13 Richtung Bad Tölz, in Bad Tölz
Richtung Zentrum.

Navigationsangabe
Bockschützstraße 14,
83646 Bad Tölz (GPS-Daten
47.758126, 11.556243)

Ausgangs-/Endpunkt
Zentralparkplatz P3

Einkehr
Mehrere Einkehrmöglichkeiten
in Bad Tölz

Information
Tourist-Information Bad Tölz,
Max-Höfler-Platz 1, 83646
Bad Tölz, Tel. 08041/
786 70, www.bad-toelz.de

Bad Tölz bietet nicht nur einen beeindruckenden Marktplatz und eine interessante Nähe zum Skigebiet Brauneck, sondern auch ein wunderschönes Marionettentheater mit einem kleinen, aber sehr feinen Planetarium.

Am oberen Ende des Marktplatzes von Bad Tölz, am Rathaus vorbei, verbirgt sich, praktischerweise direkt neben dem Parkplatz Am Schlossplatz das Gebäude des Marionettentheaters und des Planetariums von Bad Tölz. Beides ist sehr empfehlenswert.
Das Planetarium geht auf die Initiative der Isarwinkler Sternenfreunde und des Besitzers des Marionettentheaters zurück. Es ist

Lotta: »Die Marionetten schauen richtig echt aus.«

Wann öffnet sich endlich der Vorhang?

ein sehr kleines Planetarium mit nur 35 Sitzen (unbedingt vorher Karten reservieren) und versprüht mit seinen gemütlichen Sitzen eine richtige Wohnzimmer-Atmosphäre unter der beeindruckenden Kuppel für die Projektionen. Eine Besonderheit ist hier, dass die Vorträge nicht vom Band kommen, sondern von dem sehr fachkundigen Hobby-Astronomen immer live vorgetragen werden. So kann auch auf Zwischenfragen direkt eingegangen werden und auch die kleinsten Sternenforscher gehen zufrieden und begeistert aus dem Planetarium heraus.

Das Marionettentheater versprüht einen ganz anderen Charme. In den liebevoll vorgetragenen Märchen kann man sich richtig schön in die Geschichten versenken. Die Vorstellungen dauern circa eine Stunde und beinhalten eine kurze Pause, sodass die Kinder auch gleich das Gehörte und Gesehene rekapitulieren können, ohne die Vorstellung zu stören. Besonders beeindruckend ist die Tatsache, dass hier nicht nur Marionettentheater für Kinder gemacht wird. Auch Opern werden mit den Marionetten zum Leben erweckt. Diese werden allerdings abends vorgeführt und sind nur eingeschränkt für Kinder zu empfehlen.

> **Tipp**
>
> Sogar Opern (u. a. Die Zauberflöte) werden hier mit Marionetten aufgeführt.

Links: Vor dem Marionettentheater

Die Hauptdarsteller

8 Ostermarkt Bad Tölz

Marktflair und Rodelgenuss

| Leicht | — | — | beliebig |

Tourencharakter
Besuch des Ostermarktes

Anfahrt
Autobahn München–Salzburg
(A8), Ausfahrt Holzkirchen,
über die B318 und B13 Richtung Bad Tölz, in Bad Tölz
Richtung Zentrum.

Navigationsangabe
Bockschützstraße 14,
83646 Bad Tölz (GPS-Daten
47.758126, 11.556243)

Ausgangs-/Endpunkt
Zentralparkplatz P3

Einkehr
Mehrere Einkehrmöglichkeiten
in Bad Tölz

Information
Tourist-Information Bad Tölz,
Max-Höfler-Platz 1, 83646
Bad Tölz, Tel. 08041/
786 70, www.bad-toelz.de

Die sehenswerte Bad Tölzer Marktstraße ist mit ihren mit Lüftlmalereien geschmückten Häusern immer ein Erlebnis. Ab und an füllt sich der »größte Festsaal des Oberlandes« mit noch mehr Menschen als zu normalen Besuchszeiten – und zwar, wenn dort die zahlreichen Märkte abgehalten werden.

Die Marktstraße von Bad Tölz, die auch öfters in diversen Fernsehproduktionen eine prominente Rolle spielt, beherbergt in regelmäßigen Abständen verschiedene Märkte. Neben den Wochenmärkten, dem Töpfer- und Kunsthandwerkermarkt, dem Herbstmarkt und dem obligatorischen Advents- oder Christkindlmarkt gibt es auch den Ostermarkt. Während der Marktzeit ist die beeindruckende Markstraße noch einmal schöner. Dann bieten in den pittoresken Verkaufshütten die verschiedenen Kunsthandwerker ihre Erzeugnisse dar. Hier kann man neben selbstgezogenen Kerzen, Schaffellen aus eigener Aufzucht, verschiedenen Töpferwaren, Holzarbeiten und Glasarbeiten finden. Köstliche Gerüche ziehen durch die Straßen und verführen zum Probieren, die Straßencafés laden zum Verweilen ein. Am oberen Ende finden sich auch Attraktionen für Kinder, diese können dort

> Lina und Lotta: »Die Märkte sind einfach toll. Man kann Essen probieren und sieht viele spannende Dinge.«

Immer im Kreis

Shopping auf dem Ostermarkt

beispielsweise mit einem Karussell fahren. Vom oberen Ende der Marktstraße kann man auch einen schönen Blick auf die durchfließende Isar werfen.

Wenn man dann vom Markttreiben genug hat, kann man in Bad Tölz einen Abstecher zur Wallfahrtskirche auf dem Kalvarienberg machen. Hier kann man sogar im Winter auf drei verschiedenen Routen rodeln (den Schlitten muss man allerdings selbst hochziehen). Oder man genießt einfach nur so den Ausblick das Isartal hinauf auf das Karwendelgebirge. Natürlich kann man auch einfach ein Stückchen an der Isar flanieren und danach in einem der vielen Gasthäuser den Tag ausklingen lassen.

Tipp

Der Rodelhang am Kalvarienberg ist eine gute Alternative zum Rodelvergnügen am Blomberg.

Spielideen

Schnee-Fußball

Jeder Mitspieler baut sich eine Kugel aus Schnee, etwa so groß wie ein Fußball. Mit Stöcken o. ä. markiert ihr eine Start- und Ziellinie. An der Startlinie nehmt ihr euren Schnee-Fußball zwischen die Füße und dribbelt beim Startsignal vorsichtig los. Wer schafft es als erster, seinen Schnee-ball ganz über die Ziellinie zu bringen? Wichtig: Ihr dürft eure Hände nicht benutzen!

Schneeball-Weitwurf

Markiert eine Startlinie, von der ihr eure Schneebälle werft. Gewonnen hat derje-

Ich treff' dich!

nige, der am weitesten geworfen hat. Um es etwas spannender zu machen, könnt ihr auch versuchen, einen beliebigen Gegen-stand zu treffen.

Schnee-Murmelbahn

Baut einen großen Schneeberg und zieht mit eurer Hand oder einem Esslöffel eine spiralförmige Bahn um den ganzen Berg. Und schon kann eure Schnee-Murmelbahn in Betrieb genommen werden.

Schneeball-Wettlauf

Legt eine Start- und Ziellinie fest. Nun be-kommt jeder Mitspieler einen Esslöffel, auf den er einen Schneeball legt. Und schon geht es los. Eurer Fantasie sind keine Grenzen gesetzt: Baut Hindernisse ein, über die man laufen muss, oder versucht, auf einem Bein zu hüpfen.

Tisch-Eishockey

Füllt ein Backblech mit Wasser und stellt dieses über Nacht nach draußen. Am nächsten Tag sollte das Wasser zu Eis gefroren sein. Nun könnt ihr beispiels-weise aus Legosteinen zwei Tore bauen. Weiterhin braucht ihr zwei Teelöffel und eine Verschlusskappe als Puck und schon kann das Spiel losgehen.

Schnee-Maler

Mischt etwas Wasser mit bunter Lebensmittelfarbe oder Wasserfarbe und füllt die
Flüssigkeit in Sprühflaschen. Nun könnt ihr
draußen im Schnee farbige Bilder malen.

Schnee-Plätzchen

Besonders für kleinere Kinder ist es
spannend, mit Ausstechformen »Schnee-
plätzchen« zu backen und diese mit
Naturmaterialien zu verzieren. Aber auch
einen »Schneekuchen« können die Kleinen
backen.

So geht ein Schnee-Engel.

Schnee-Schatzsuche

Versteckt in einem abgesprochenen
Bereich kleine Gegenstände im Schnee.
Richtig schwierig wird es, wenn ihr weiße
Gegenstände versteckt.

Schnee-Spurensucher

Wer das Buch Das Grüffelokind kennt,
kennt auch den Satz »Aha! Oho! Im
Schnee eine Spur. Von wem kann sie
sein? Wohin führt sie nur?«. Begebt euch
auf Schnee-Spurensuche! Welche Spuren
könnt ihr entdecken?

Schnee-Engel

Legt euch einfach auf den Rücken in den
Schnee und bewegt eure Arme auf und
ab. Gleichzeitig öffnet und schließt ihr
eure Beine. Fertig ist euer Schnee-Engel.

Schneemann bauen

Natürlich darf der Klassiker, einen Schneemann bauen, nicht fehlen. Wie wäre es
mit einem Schneemann-Wettbewerb in der
Nachbarschaft? Es muss auch nicht immer
der klassische Schneemann sein – eurer
Fantasie sind hier keine Grenzen gesetzt.
Baut doch auch mal eure Familie oder
auch Haustiere nach!

Auf der Kala-Alm

Tegernsee
bis Chiemgau

9 Naturkäserei Tegernsee

Regionale Köstlichkeiten

| Leicht | — | — | 1,5 Std. |

Tourencharakter
Besuch einer Käserei

Anfahrt
Autobahn München–Salzburg
(A95), Ausfahrt Holzkirchen,
über die B318 und B307
Richtung Tegernsee/Rottach-
Egern/Kreuth.

Navigationsangabe
Wallbergstraße, 83708 Kreuth
(GPS-Daten 47.675552,
11.760423)

Ausgangs-/Endpunkt
Parkplatz an der Naturkäserei
Tegernsee

Einkehr
Vor Ort

Information
Naturkäserei Tegernsee, Rei-
ßenbichlweg 1, 83708 Kreuth,
Tel. 08022/182 35 20,
www.naturkaeserei.de, täglich
von 9 bis 18 Uhr geöffnet

Die Naturkäserei Tegernsee hat sich im Oberland seit ihrer Öffnung 2010 einen Namen für hervorragenden Käse gemacht. Was man aber vielleicht nicht weiß, ist, dass man die Naturkäserei auch besichtigen kann. Dort erfährt man viel Wissenswertes über die Käseherstellung und auch über die Genossenschaft, die die Naturkäserei betreibt.

Die Naturkäserei Tegernsee e. G., wie sie offiziell heißt, ist ein Zusammenschluss mehrerer Bauern, die im Jahr 2007 ob des geringen Milchpreises keine andere Möglichkeit sahen, als ins kalte Wasser zu springen und die Milch ihrer Kühe selbst zu vermarkten. Zu dieser

Lina: »Man konnte genau zusehen, wie der Käse gemacht wird.«

Blick ins Mangfallgebirge

Der Kräutergarten von der
Naturkäserei

Zeit war der Milchpreis so gering, dass es für die Bauern schon existenzgefährdend gewesen wäre, wenn sie weiter in der Abhängigkeit ihrer damaligen Molkereien geblieben wären. Um ihren althergebrachten Lebensstil als Bauern weiterführen zu können, entschlossen sie sich, eine eigene Käserei zu gründen. 2010 war es dann soweit, dass sie im Neubau der Käserei zwischen Rottach-Egern und Kreuth mit der Produktion eigener Käsekreationen beginnen konnten.

Schon von Anfang an überzeugten die Produkte durch ihre hervorragende Qualität, sodass die Risikobereitschaft der Bauern zu einem Erfolg geworden ist. Zahlreiche Auszeichnungen konnten die verschiedenen Käsesorten schon einheimsen und auch das Fernsehen wurde auf die Naturkäserei aufmerksam. Diesen Erfolg kann man in öffentlich angebotenen Führungen nachvollziehen. Die Führungen werden von dem Personal der Käserei mit viel Sachverstand,

Tipp

Im Kaserei-Laden Käse und Jogurt für zu Hause einkaufen.

Lotta: »Es gab so viel leckeren Käse.«

informativ, abwechslungsreich und mit erfrischendem Engagement durchgeführt. In dieser Führung erhält man neben dem geschichtlichen Rückblick auch einen eingehenden Einblick in die Käseherstellung. Man erfährt, was genau Heumilch ist. Und am Ende der Führung darf man natürlich die hier hergestellten Köstlichkeiten probieren. In der gemütlichen Gaststube oder im Biergarten mit seinem herrlichen Ausblick auf die Blauberge kann man sehr gut länger verweilen und auch noch die selbstgemachten Kuchen und die frische Milch probieren.

Linke Seite: Bei der Arbeit

Endlich dürfen wir probieren.

10 Kletter- und Boulder-zentrum Weyarn

Kletterspaß in sicherer Umgebung

●	🥾 km	⛰	🕐
Leicht	–	–	beliebig

Tourencharakter
Besuch einer Kletterhalle

Anfahrt
Autobahn München–Salzburg
(A8), Ausfahrt Weyarn, rechts
abbiegen, im Kreisverkehr die
erste Ausfahrt nehmen und
sofort wieder rechts in den Ge-
werbepark.

Navigationsangabe
Am Weiglfeld 30, 83629
Weyarn (GPS-Daten
47.865741, 11.789826)

Ausgangs-/Endpunkt
Parkplatz am KletterZ'

Einkehr
Kleine Snacks in der Kletterhalle

Information
KletterZ', Am Weiglfeld
30, 83629 Weyarn,
Tel. 08020/908 72 33,
www.kletterz.de

Wenn das Skifahren gerade keinen Spaß mehr macht oder zu viele Leute auf die gleiche Idee kamen und dadurch die Autobahn verstopft ist, sind Kletter- und Boulderhallen eine willkommene Abwechslung. Wir wollen hier das KletterZ' in Weyarn vorstellen.

Kletterhallen haben in letzter Zeit einen Aufschwung erhalten, was teilweise an der medialen Präsenz (Bouldern bei der nächsten Olympiade) und auch an der leichten Zugänglichkeit liegt. Zum Bouldern braucht man tatsächlich nur eine Wand mit Griffen, bequeme Kla-

> Lotta: »Hier kann man so herrlich rumturnen.«

Rechts: Hoch hinaus

Rechte Seite: An der Kinder-wand

motten und einigermaßen passende Schuhe. Auch sind immer mehr Spielplätze mit einer Kletterwand ausgestattet. Wenn es den Kindern sehr viel Spaß macht, steht einem Besuch in einer Kletterhalle nichts im Wege.

Wir gehen gern in das KletterZ' in Weyarn, da es eine sehr neue Halle ist, die auch sehr verkehrsgünstig liegt: Direkt an der Autobahnausfahrt Weyarn an der A8. Nach der Anmeldung und dem Haftungsausschluss kann es auch schon losgehen. Am besten startet man mit kleinen Kindern zuerst im Kinder-Boulderbereich. Hier können Kinder erst mal testen, wie sie an einer leichten Wand zurechtkommen. Die Eltern profitieren auch von diesem Bereich, wenn sie ungeübt sind. An der (Kinder-)Wand kann man sich leicht und relativ sicher aufwärmen. Vor dem Klettern sollte man sich unbedingt immer kurz aufwärmen und an seine eigenen körperlichen Grenzen denken.

Mit Kindern in einer Boulderhalle kann man gut den Tag verbringen, seinen Kindern beim Klettern zusehen und gegebenenfalls Hilfestellung geben. Wobei Kinder beim Klettern beneidenswert sind: Sie gehen mit Spaß, unvoreingenommen und mit einer besseren Grundfitness an die Wand als wir Erwachsene. Im KletterZ' kann man sogar an einer Augmented-Kletterwand Spaß haben. Hier werden mittels Projektor Kletterprobleme an eine Wand projiziert, die man dann interaktiv lösen und diese dann auch direkt per E-Mail als Video an Freunde senden kann.

Nee, DA musst du hinsteigen.

Linke Seite: Vor einem schwierigen Problem

Tipp

Das KletterZ' bietet auch Kindergeburtstage für verschiedene Altersstufen an.

11 Bergtierpark Blindham

Riesiger Spielstadl und Tiere hautnah

Leicht	—	—	beliebig

Tourencharakter
Besuch des Bergtierparks

Anfahrt
Autobahn München–Salzburg (A8), Ausfahrt Hofoldinger Forst, links Richtung Aying, vor Aying rechts auf die St2078, circa 7 km Richtung Rosenheim.

Navigationsangabe
Blindham 3, 85653 Aying (GPS-Daten 47.929126, 11.810483)

Ausgangs-/Endpunkt
Parkplatz am Bergtierpark

Einkehr
Gastronomiebereich im Bergtierpark

Information
Bergtierpark Blindham, Blindham 3, 85653 Aying, Tel. 08063/20 76 38, www.bergtierpark.de (ganzjährig und täglich geöffnet, auch an allen Feiertagen)

Der Bergtierpark Blindham hat ein cooles Upgrade erhalten. Nachdem der Tierpark ja schon länger besteht, wurde im Jahr 2015 die große Scheune am Gastronomiebereich in einen Spielstadl umgewandelt. Nun kann man den Bergtierpark zu jeder Jahreszeit und vor allem bei jeder Wetterlage besuchen.

Vom Parkplatz des Bergtierparks geht es leicht bergauf zum Eingang. Neben dem riesigen Baumstamm, der direkt zum Balancieren animiert, kann man bereits hinter dem Kassenhäuschen den Spielstadl sehen. Nachdem man durch den Kassen-, Gastronomie- und Toilettenbereich (inklusive Wickelraum)

Lina: »Die Familien-Waage ist lustig.«

Praxistest: Wie viele passen auf eine Drehscheibe?

gegangen ist, hat man je nach Wetterlage die Wahl: Entweder man dreht noch die Runde durch den sehr sehenswerten Tierpark oder man biegt sofort links in den Spielstadl ab.

Pferde sind nicht nur was für Mädels.

Wir hatten Zeit und schönes Wetter, sodass wir zuerst durch den Tierpark gingen. Nach den Streichelgehegen mit Hühnern, Ziegen und Schafen kommt man an weiteren Kleintiergehegen vorbei, die zum Verweilen einladen. Denn welches Kind kann schon an einem Kaninchengehege vorbei, ohne stehen zu bleiben? Wenn man diese Gehege hinter sich gebracht hat, steht man bereits vor dem Außenspielbereich. Der beinhaltet fast alles, was das Kinderherz begehrt: Wippen, Sandkästen, Drehkarusselle, Seilrutschen, Rutschen, Kletterspielgeräte, Riesenhüpfkissen, ein Bungee-Trampolin und vieles mehr halten die Kinder bestimmt eine gute Zeit lang beschäftigt. Danach kommt der ruhigere Teil durch den Wald.

Tipp

Bei kälteren Temperaturen warm anziehen! Im Spielstadl gilt Socken- bzw. Hallenschuhpflicht!

Hier kann man Rot- und Damwild (sogar aus nächster Nähe), Wildschweine, Rinder, Hausschweine, Esel und weitere Tiere finden.

Wenn man den Rundweg hinter sich gebracht hat, kann man jetzt erst mal eine Verpflegungspause machen, um frisch gestärkt den Spielstadl zu erkunden. Der Spielstadl ist, wie bereits beschrieben, eine große umgebaute Scheune. So hatte man genügend Platz, um auf drei Etagen ein wahres Spieleparadies zu erschaffen. Hier findet man Rutschen über zwei Etagen, enorm große Schaukelschlangen und Kletterlabyrinthe. Aber auch Ruheräume und Orte, an denen sogar Krabbelkinder viel Spaß haben können. Wenn es etwas an dem Stadl auszusetzen gibt, ist es, dass die Scheunen bauartbedingt nicht heizbar sind und es im Inneren auch kalt sein kann. Also: Zieht euch warm an!

Lotta: »Unsere Freunde haben ein richtig gutes Versteck im Spielstadl entdeckt und wir haben sie ganz lange gesucht.«

Rechte Seite: Auf der Kirtahutsch'n

Kletterlabyrinth im Spielstadl

12 Schlittschuhlaufen in Holzkirchen

Ein glattes Kufenabenteuer

Leicht — — beliebig

Tourencharakter
Eislaufen

Anfahrt
Auf der A8 Richtung Salzburg, Abfahrt Holzkirchen, auf der Bundesstraße 318 die dritte Abzweigung Richtung Zentrum Holzkirchen. In Holzkirchen an der Kirche parken.

Navigationsangabe
Thanner Straße 6, 83607 Holzkirchen (GPS-Daten 47.875339, 11.700845)

Information
Eisstadion Holzkirchen, Tel. 08024/90 44 13, www.gw-holzkirchen.de

Viele Eishallen laden zu einem erlebnisreichen Nachmittag ein, wenn das Winterwetter mal nicht so mitspielt. Und bei Sonnenschein kann man im Freiluft-Eisstadion in Holzkirchen sein Eislauftalent unter Beweis stellen und Pirouetten drehen.

Ist es draußen richtig kalt oder schneit oder regnet es so sehr, dass keine Aktivitäten im Schnee möglich sind, ohne dass die Kinder richtig durchnässt sind, dann heißt es, ab in die Eishalle. Zahlreiche Eishallen im Oberland bieten bestes Kunsteis, auf dem man seine eiskünstlerischen Fähigkeiten vollführen kann und beispielsweise beim Publikumslauf oder sogar bei der Eislauf-Disco über das Eis gleiten kann. Die Eishallen finden sich in Bad Tölz, München, Miesbach, Bad Aibling und Rosenheim.

Vorsicht, glatt!

Und falls doch die Sonne scheint, legen wir Ihnen das Eisstadion in Holzkirchen ans Herz. Alternativ kann man sich auch mal im Eisstockschießen ausprobieren.

Bei den Eishallen und -stadien ist es problemlos möglich, sich passende Schlittschuhe auszuleihen. Meist sogar in den Unterscheidungen Eislauf- und Hockeyschuhe. Hier kann man dann nach seinem persönlichen Gusto auswählen. Auf dem Eis sind meist auch Fahrhilfen für Kinder vorhanden, ob es nun kleine Tore sind oder Pinguine mit Griffen an den Ohren oder die guten alten Straßenpylone. Hiermit können sich die Kinder erstmal an das Eis und die so ungewohnte Glätte gewöhnen.

Beneidenswerterweise schaffen das die Kinder immer viel schneller als Erwachsene. Deshalb werden die meisten Kinder am Ende der Eislaufzeit (circa 1 bis 2 Stunden) schon wie die Wilden flitzen. Was natürlich umso schöner ist, je mehr Freunde dabei sind. Deshalb eignen sich Eishallenausflüge auch immer für mehrere Familien, sodass die Elternteile, die nicht so sicher auf dem Eis stehen, neben der Eisfläche anfeuern können. Oder für kurze Zwischenpausen die eingepackten Getränke und Brotzeiten bereithalten.

> Lina und Lotta: »Geht am frühen Nachmittag Eislaufen, da hat man die Eisbahn fast für sich alleine.«

Links: Zwei Eisprinzessinnen

Gehversuche

13 Vitaltherme Schliersee

Einfach zum Wohlfühlen

Leicht — — beliebig

Tourencharakter
Schwimmbadbesuch

Anfahrt
Autobahn München–Salzburg (A8), Ausfahrt Weyarn, über Miesbach nach Schliersee. In Schliersee an der zweiten Ampel rechts Richtung Bahnhof.

Navigationsangabe
Perfallstraße 4, 83727 Schliersee (GPS-Daten 47.734689, 11.860689)

Ausgangs-/Endpunkt
Parkplatz an der Therme oder etwas oberhalb (Richtung Bahnhof), kostenpflichtig (Parkticket mitnehmen, wird im Schwimmbad erstattet)

Einkehr
Im Gastronomiebereich der Vitaltherme (Restaurant Charivari)

Information
monte mare Schliersee, Perfallstraße 4, 83727 Schliersee, Tel. 08026/92 09 00, www.monte-mare.de

Die Vitaltherme Schliersee ist ein ideales Ziel für Familien an kalten Wintertagen. Wellness für Mama, Wasserspaß für die Kinder – und ein zufriedener Papa.

Das monte mare, direkt am Schliersee gelegen, besticht schon durch den herrlichen Ausblick auf die umliegenden Berge. Hier erwarten einen eine Vielzahl an Möglichkeiten: u.a. eine große Kinderlandschaft mit vielen interaktiven Spielgeräten für die kleineren Kinder. Auch für die Allerkleinsten ist dieses Becken geeignet, denn die Wasserhöhe ist gering und mit einer Temperatur von 34 Grad Celsius angenehm warm. Die größeren Kinder erfreuen sich an einer 50-Meter-Rutsche (Black

Lotta: »Die Rutsche ist in der Mitte ganz schön dunkel.«

Ich tauch' dann mal ab.

Hole) mit Licht- und Soundeffekten. Ein 25-Meter-Schwimm-becken mit Massage- und Sprudelliegen und Startblöcken zum Reinspringen sorgen für ausreichend Wasserspaß. Ein Sole-

Schliersee im Winter

Außenbecken mit herrlichem Blick auf den Schliersee und die Brecherspitz laden zu einem Aufenthalt im Freien ein. Im Innen-bereich hat man sehr viele Liegen sowie einen Whirlpool. Um etwas für seine Bronchien zu tun, gibt es zudem ein Dampfbad. Daneben kann man dann direkt durch ei-nen Durchgang in das Restaurant des Schwimmbads gehen und sich dort für weitere Schwimmabenteuer stärken. Den Eltern sei auch noch die Sauna ans Herz gelegt, diese befindet sich über der Schwimmhalle und bietet mit dem Außenbereich auf dem Dach nochmal einen bes-seren Rundumblick über das Schlierseer Tal. Die verschiedenen Saunen lassen fast keine Wünsche offen und die Ruheräume versprechen Erholung pur. Am allerbesten an der Vitaltherme sind aber die Menschen, die hier arbeiten. Diese sind immer freundlich und haben stets ein nettes Wort und ein Lächeln für jeden.

Tipp

Neben dem Schwimmbad gibt es einen tollen Spielplatz direkt am See. Vielleicht auch eine Alternative im Winter bei Sonnenschein?

Rezeptideen

Bratäpfel

Zutaten

4 Äpfel
2 EL gemahlene Haselnüsse
2 EL Rosinen, 4 TL Honig
evtl. Marzipan (100 g in kleinen Würfeln)
Zimt nach Belieben

Zubereitung

Wascht die Äpfel zuerst gründlich und
trocknet sie anschließend wieder ab.
Entfernt das Kerngehäuse vorsichtig mit
einem Apfelausstecher. Setzt die Äpfel auf
ein mit Backpapier ausgelegtes Backblech.
Danach vermischt ihr die übrigen Zutaten
und schmeckt die Masse mit Zimt ab.
Diese Masse füllt ihr nun in das Loch jedes
Apfels. Die Bratäpfel lasst ihr ca. 20–25
Minuten bei etwa 180–200 °C backen.
Gut passt dazu Vanillesoße.

Bratapfel – heiße Köstlichkeit im Winter

Wintergedicht: Der Bratapfel

Kinder, kommt und ratet,
was im Ofen bratet!
Hört, wie's knallt und zischt.
Bald wird er aufgetischt,
der Zipfel, der Zapfel,
der Kipfel, der Kapfel,
der gelbrote Apfel.

Kinder, lauft schneller,
holt einen Teller,
holt eine Gabel!
Sperrt auf den Schnabel
für den Zipfel, den Zapfel,
den Kipfel, den Kapfel,
den goldbraunen Apfel!

Sie pusten und prusten,
sie gucken und schlucken,
sie schnalzen und schmecken,
sie lecken und schlecken
den Zipfel, den Zapfel,
den Kipfel, den Kapfel,
den knusprigen Apfel.
(Volksgut aus Bayern)

Prima Geschenkidee …

Gebrannte Mandeln

Zutaten:
200 g Mandeln
125 g Zucker
100 ml Wasser
1 Pck. Vanillezucker
1 TL Zimt

Zubereitung
Vermischt den Zucker, Vanillezucker und Zimt in einer Edelstahlpfanne und fügt anschließend das Wasser hinzu. Bringt nun die Masse zum Kochen und gebt die Mandeln dazu. Lasst die Mandeln etwa 7–8 Minuten im Zuckerwasser kochen, bis die Flüssigkeit komplett verdampft ist. Dabei rührt ihr immer wieder mit einem Holzlöffel um. Ist das Zuckerwasser verdampft, karamellisiert der Zucker. Die Mandeln müsst ihr jetzt unter ständigem Rühren so lange weiter erhitzen, bis das Karamell wieder flüssig ist und die Mandeln mit einer gleichmäßigen Schicht bedeckt sind. Zum Schluss gebt ihr die Mandeln sofort auf ein mit Backpapier ausgelegtes Backblech und lasst sie trocknen.

Tipp
Verfeinert eure Mandeln doch auch mal mit anderen Gewürzen, z. B. mit Vanille, Chili (Achtung, scharf) oder Kokosflocken.

Extra-Tipp
Verpackt in kleinen Geschenktüten sind eure gebrannten Mandeln eine super Geschenkidee.

Gebrannte Mandeln

14 Obere Firstalm

Rasant bergab Richtung Spitzingsee

Mittel	2,5 km	260 m	1 Std.

Tourencharakter
Winterwanderung und Rodelabfahrt

Anfahrt
Autobahn München–Salzburg (A8), Ausfahrt Weyarn, Richtung Miesbach, weiter auf der B307 Richtung Bayrischzell, nach dem Ortsteil Neuhaus rechts die Spitzingstraße hinauf. Am Spitzingsattel rechts in den Stümpflingweg abbiegen.

Navigationsangabe
Stümpflingweg 13, 83727 Schliersee (GPS-Daten 47.666442, 11.876141)

Ausgangs-/Endpunkt
Parkplatz am Kurvenlift (kostenfrei)

Einkehr
Untere und Obere Firstalm

Information
Gästeinformation Schliersee, Perfallstraße 4, 83727 Schliersee, Tel. 08026/606 50, www.schliersee.de

Oben: Selbst ist das Fräulein

Rechte Seite: Enten auf dem Spitzingsee

Die Rodelstrecke ab der Oberen Firstalm ist eine hervorragende Strecke für das allererste Rodelvergnügen der Familie. Die Strecke weist keinerlei gefährliche Stellen oder kritische Kurven auf, so dass dem Familien-Rodelspaß nichts im Wege steht.

Wir starten am kostenfreien Parkplatz am Kurvenlift östlich des wunderschön gelegenen Spitzingsees. Hier orientieren wir uns an den nicht übersehbaren Wegweisern Richtung Untere sowie Obere Firstalm. Wir wandern zunächst ein gutes Stück bergan durch einen Bergwald, vorbei an einigen Wohngebäuden. Dem breiten Forstweg folgen wir immer geradeaus, bis wir nach etwa einer Dreiviertelstunde schon die Untere Firstalm erspähen. Vor uns eröffnet sich ein toller Blick

auf die markante Brecherspitz, den Bodenschneid sowie den Suttenstein. Linkerhand entdecken wir immer wieder Skifahrer, die die Pisten hinunterwedeln, aber auch Skitourengeher.

Hinter der Unteren Firstalm können wir zudem den Snowpark entdecken, in dem die Snowboarder ihre tollkühnen Tricks vollführen. Nun kann man bereits rechts oben am Berghang die Obere Firstalm ausmachen, deren

Lina: »Papa und ich sind richtig schnell runtergerodelt.«

Aufstieg noch etwa 10 Minuten von der unteren Firstalm in Anspruch nimmt. Oben angekommen kann man sich eine leckere Brotzeit gönnen oder auch auf der Terrasse in einem der bereit gestellten Liegestühle die Aussicht und die Sonne genießen und sich kurz erholen. Denn die Abfahrt wird rasant.

Auf etwa 2,5 Kilometern geht es moderat bergab. Gerade für Kinder ist dies eine ideale Rodelstrecke, da diese keine steilen Abschnitte oder gefährlichen Kurven aufweist. Auch einer zünftigen Hüttengaudi steht nichts im Wege, denn die Rodelstrecke ist von Dezember bis Mitte März bis 22:30 Uhr beleuchtet. Schlitten kann man sich an der Oberen Firstalm für 5 Euro ausleihen und stellt diese am Ende der Rodelabfahrt wieder ab.

Tipp

Unter www.mondscheinrodeln.de gibt es täglich Informationen über den Zustand der Rodelstrecke.

15 Nachtrodeln von der Wallner Alm

Mit Beleuchtung und Bewirtschaftung

●	km	▲▲	🕐
Leicht	—	—	beliebig

Tourencharakter
Rodelabfahrt

Anfahrt
Autobahn München–Salzburg (A8), Ausfahrt Irschenberg, über die B472 und im Kreisverkehr Richtung Irschenberg, links Richtung Loiderding abbiegen und dort dem Straßenverlauf weiter Richtung Vagen folgen. Der Schlittenhang ist dann kurz vor der Dorfeinfahrt von Vagen auf der linken Seite.

Navigationsangabe
Vagen (GPS-Daten 47.868433, 11.884861)

Ausgangs-/Endpunkt
Kleiner Parkplatz an der Wallner Alm

Einkehr
Am Wochenende in der Alm

Zwischen München und Rosenheim verbirgt sich auf einem Nordhang ein Schlittenhügel, der nicht nur verschiedene Rodelrouten bereithält, sondern auch Beleuchtung und Bewirtschaftung.

Rodelhänge in der Münchener Umgebung gibt es viele. Sogar in München kann man am Isarhochufer, solange es in München mal ausreichend geschneit hat, prima Schlittenfahren. Doch in dem Feldkirchen-Westerhamer Ortsteil Vagen verbirgt sich ein ganz besonderer Schlittenhang. Da er in einer ausgeprägten Nordlage liegt, hält sich der Schnee dort relativ lange und wenn der örtliche

Lina und Lotta: »Unser Hausberg ist einfach der beste.«

Nachtrodeln

Wintersportverein noch mit der Pistenraupe darübergefahren ist, noch viel länger. Der Schlittenhang ist auch variabel nutzbar. Im unteren Drittel des Hangs liegt die Wallner Alm, die im Winter bei passenden Schneeverhältnissen bewirtschaftet wird und man sich dort bei einer Limonade oder einer kleinen Brotzeit aufwärmen kann. Von der Wallner Alm können die kleineren Kinder losfahren, diese Piste liegt auch nicht im Hang der von weiter oben fahrenden Kinder. Etwas mutigere Kinder können den Hang noch etwas weiter hochgehen und von circa der Hälfte des Hanges losfahren. Und wer schließlich ganz mutig ist, kann den Hang komplett erklimmen und den Steilhang in rasender Fahrt hinter sich bringen.

Und sollte das Schlittenvergnügen mal etwas länger dauern, ist das auch kein Problem. Unten am Schlittenhang kann man für jeweils eine Stunde das Licht anmachen. So kann man den Schlittentag ohne Probleme verlängern beziehungsweise die Kinder länger rodeln lassen. Achtung: Hier sind keine Leihschlitten vorhanden. Bitte selbst Rodelgerätschaften mitbringen.

Tipp

Im Ortsteil Vagen gibt es ein weit verzweigtes Langlauf-Loipen-Netz, ideal für Anfänger.

Los geht's!

16 Aussichtspunkt Irschenberg

Herrlicher Panoramablick auf die Alpenkette

Leicht	2 km	80 m	0,5 Std.

Tourencharakter
Wandern auf Teerstraße und Feldweg

Anfahrt
Autobahn München–Salzburg (A8), Ausfahrt Irschenberg. Weiter Richtung Irschenberg, in Irschenberg an der Kirche parken.

Navigationsangabe
Kirchbergplatz 6, 83737 Irschenberg (GPS-Daten 47.833368, 11.919820)

Ausgangs-/Endpunkt
Parkplatz an der Kirche bzw. Grundschule

Einkehr
Bäckerei Leitner, direkt am Kirchplatz

Information
Gemeinde Irschenberg, Kirchplatz 2, 83737 Irschenberg, Tel. 08062/703 90, www.irschenberg.de

Diese kleine, aber feine Tour eignet sich auch ideal als kurze Bewegungspause, falls mal wieder Stau auf der A8 sein sollte, bei einer längeren Fahrt in den Skiurlaub. An schönen Tagen hat man hier einen wunderbaren Blick über die komplette Alpenkette von Salzburg über das verschneite Mangfallgebirge bis ins Karwendelgebirge.

Der kurze Winterspaziergang beginnt mitten im Ort Irschenberg an der Kirche St. Johannes der Täufer. Von hier aus laufen wir die Stegangerstraße Richtung Süden/Alpen aus Irschenberg hinaus. Auf der Ortsverbindungsstraße nach Wöllkam gehen wir weiter, bis wir zu einer Kreuzung gelangen. Hier spazieren oder stapfen wir das letzte Stück zum Aussichtspunkt hinauf.

Lotta: »Hier sieht man erst richtig, wie viel Schnee überall liegt.«

Oben angekommen werden wir mit einer prächtigen Aussicht über die gesamte Winterlandschaft und die Alpenkette belohnt.

Mühsam ist der Weg im Schnee.

Alpenpanorama

Insbesondere bei schönem Wetter kann man vom Karwendel bis zu den Salzburger Bergen sehen. Die Wallfahrtskirche St. Marinus und Anian, wohl eine der bekanntesten und meist fotografierten Kirchen im bayerischen Umland, liegt direkt vor uns in der Schneelandschaft.

Nach einem kurzen Aufenthalt gehen wir ein kurzes Stück auf der Teerstraße entlang, biegen aber gleich in einen Feldweg linkerhand ein, direkt in Richtung Kirchturm von Irschenberg. Vermutlich ist dieser Weg im Winter bereits durch etliche Schuhspuren vorgegeben (eine wahrhaftige Spurensuche). Diesem Schneepfad folgen wir immer geradeaus, bis wir auf das Schulgebäude der Irschenberger Grundschule treffen. Links neben dem Gebäude führt ein kleiner Weg entlang und bringt uns wieder zu unserem Ausgangspunkt. Sollte noch Zeit sein, kann man sich in der Bäckerei Leitner kurz aufwärmen.

17 Pferdeschlittenrennen in Fischbachau

Pferdestärke in herrlicher Bergkulisse

Leicht — — beliebig

Tourencharakter
Besuch eines Pferdeschlitten-
rennens

Anfahrt
Autobahn München–Rosen-
heim (A8), Ausfahrt Irschenberg, links auf der B472 Richtung Miesbach, in einer Kurve
links auf die St2077 nach
Fischbachau abbiegen.

Navigationsangabe
Streitwiese, 83730
Fischbachau (GPS-Daten
47.735235, 11.951128)

Ausgangs-/Endpunkt
Streitwiese in Fischbachau/
Elbach (ausgewiesene Park-
plätze)

Information
www.pferdefreunde-leitzach-
tal.de

Jedes Jahr, an einem Wochenende Ende Januar findet, je nach Schneelage, in einem Ortsteil von Fischbachau, in Elbach, ein überregional bekanntes Pferdeschlittenrennen statt. Im Schatten des Breitensteins geben Ross und Reiter alles.

Immer Ende Januar findet, soweit es die Schneelage zulässt, im Schatten des Breitensteins beim kleinen Weiler Elbach das bekannte und beliebte Pferdeschlittenrennen statt. Es ist sogar so beliebt, dass man, um einen Parkplatz zu ergattern, relativ früh in Elbach sein sollte. Direkt in der Nähe der Rennstre-

Lotta: »Die Pferde waren richtig schnell, obwohl der Schnee so tief war.«

Spannende Rennen

Auf dem Weg zum Pferdeschlittenrennen

cke gibt es zwar einen relativ großen temporären Parkplatz auf einem Feld, jedoch ist der immer sehr schnell voll. Wenn man dann am Renngelände, bei der Streitwiese, ankommt, kann man das 400 Meter lange Schneeoval schon sehen.

Die Stimmung bei diesem Fest bzw. Rennen ist im besten Sinne urtümlich. Hier kann man im Winter ein richtig schönes bayerisches Fest erleben. Bei den verschiedenen Wettkämpfen – vom Pferdeschlittenrennen über das Traberrennen auf Schlittensulkys und normale Wettritte bis zum spannenden Skijöring. Sulkys sind Trabrennkutschen, die im Winter statt den Rädern Kufen haben, und beim Skijöring halten sich die Piloten mit langen Zügeln am Pferd fest und werden auf Skiern gezogen.

Jedes Rennen ist hier eine Schau. Auch die vielen unterschiedlichen Pferde und (Reiter-) Altersklassen sorgen für Abwechslung

Tipp

Wenn es richtig kalt ist, kann ein Abstecher ins Café Winklstüberl mit hervorragenden, großen Kuchenstücken die Gemüter wieder erwärmen.

und Spannung. Sind eben noch Kinder auf Ponys um das Oval geprescht, laufen jetzt schon wieder edle Vollblüter im Trabrennen gegeneinander und werden von stattlichen Haflingern im Skijöring mit tollkühnen Piloten abgelöst. Und jedes Rennen ist von Fairness gegeneinander geprägt und einem tiefen Respekt gegenüber den Tieren. Wenn dann noch die Sonne über die Rotwand hinab auf das Rennen scheint, hat man ein perfektes Wintererlebnis und die selbstgebackenen Schmalznudeln schmecken noch einmal so gut.

Lina: »Skijöring kannte ich noch gar nicht.«

Rechte Seite oben: Vorwärts im Galopp; unten: Trabrennen

Guck mal, Papa! Der hat überholt ...

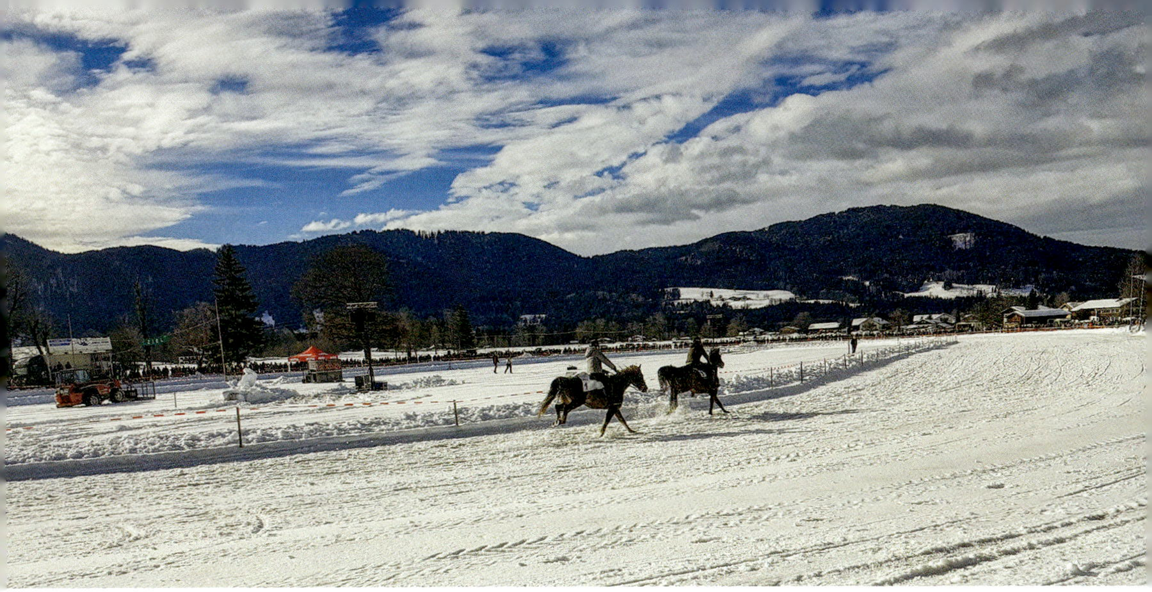

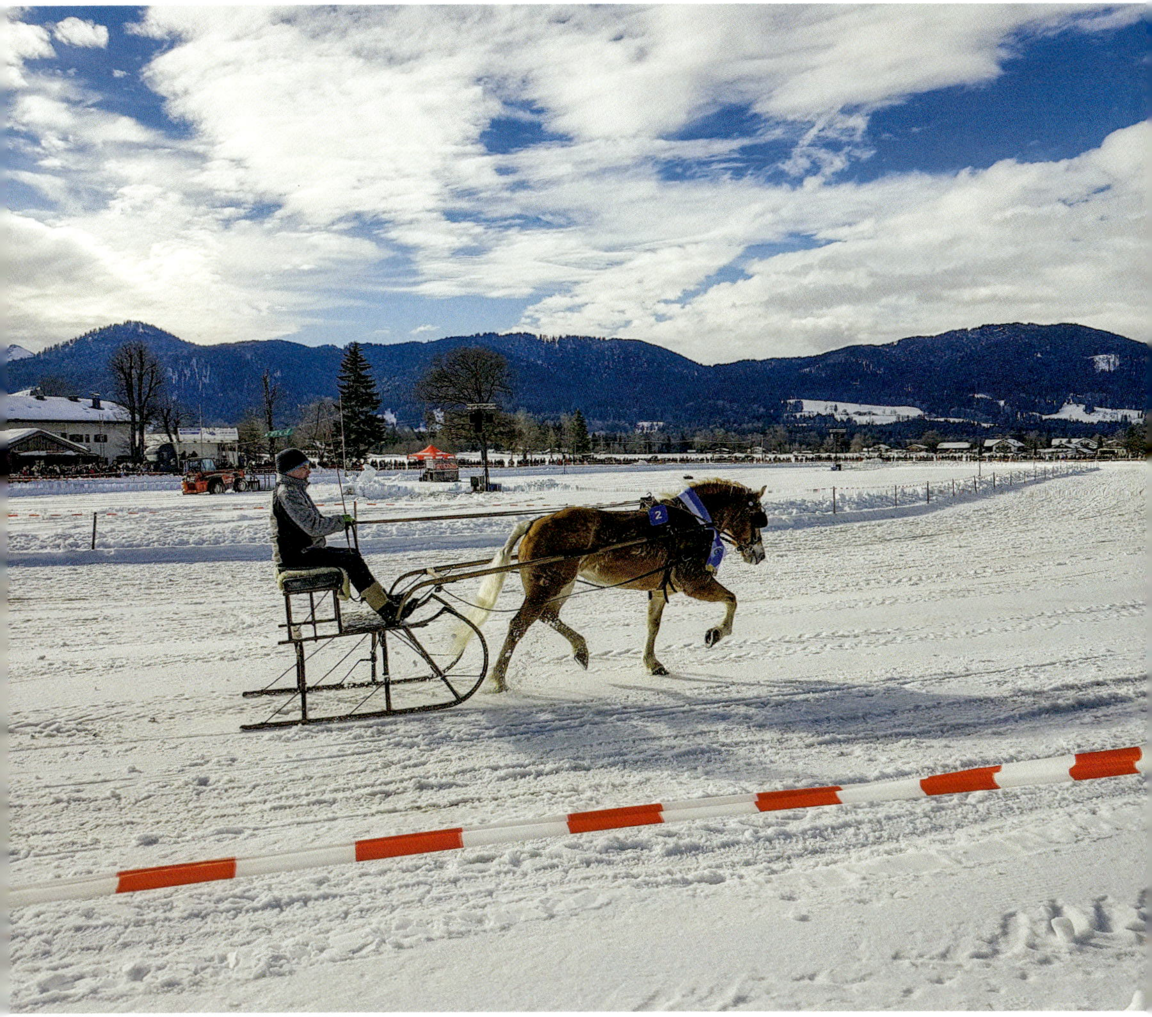
2

18 Kutschfahrt in Geitau
Romantisch durch die verschneite Landschaft

Leicht — — 1,5 Std.

Tourencharakter
Pferdekutschfahrt

Anfahrt
Autobahn München–Salzburg
(A8), Ausfahrt Weyarn, über
Miesbach und Schliersee nach
Bayrischzell.

Navigationsangabe
Kirchplatz 2, 83735 Bayrischzell (GPS-Daten 47.673717,
12.014669)

Ausgangs-/Endpunkt
Parkplatz an der Tourist-Info
(genauere Infos des Kutsch-
fahrt-Anbieters erhält man hier)

Einkehr
Mehrere Möglichkeiten in Bayrischzell

Information
Tourist-Info Bayrischzell, Kirchplatz 2, 83735 Bayrischzell,
Tel. 08023/648,
www.bayrischzell.de

Neben Langlauf, Skifahren, Snowtubing und Rodeln kann man in vielen Feriengebieten auch eine romantische Kutschfahrt in verschneiter Umgebung machen. Mit ausreichend warmer Kleidung (wichtig!) steht dem Vergnügen mit Pferden nichts mehr im Wege.

Viele werden sich denken, Kutschfahrten im Winter sind kalt und eigentlich total langweilig. Aber wenn man Kinder hat, werden Kutschfahrten zu einem überraschend abwechslungsreichen und spannenden Wintererlebnis. Nicht nur, dass Pferde dabei sind. Man wird durch unberührte Winterlandschaften

Lotta: »Ich durfte die Pferde sogar streicheln.«

Alle einsteigen!

kutschiert, in denen der Schnee glitzert wie im Märchen Die Eiskönigin.

Kutschfahrten werden in diversen Ferienregionen direkt von den Tourist-Informationen angeboten, bei denen man sich informieren und anmelden kann. Wir haben das Angebot von Bayrischzell wahrgenommen und sind mit der Kutsche von Geitau aus losgefahren. Nachdem es sich die Kinder vorne auf dem Kutschbock beim Kutscher gemütlich gemacht und sich in warme Decken eingewickelt hatten, ging es auch schon los.

Geitau liegt wunderschön zwischen Rotwandgebirge, Wendelstein und Sudelfeld. Die Kutschfahrt führte uns um den tiefverschneiten Segelfliegerflugplatz über Forstwege und an Loipen vorbei. In den gut eineinhalb Stunden gab es auch eine Pause, in der unsere beiden Mädels ausgiebig die Pferde streicheln und mit ihnen schmusen durften. Die Eltern durften die Fahrt gemütlich eingepackt und miteinander kuschelnd auf der Rückbank der Kutsche verbringen. Und am Ende der Kutschfahrt wärmte dann in einer gemütlichen Hütte eine heiße Schokolade mit viel Sahne die Gemüter.

Tipp

Wie wäre es im Anschluss noch mit einem Besuch des Wintererlebnisparks Tannerfeld?

Warten auf die Pferdekutsche

19 Langlaufen in Bayrischzell

Koordination und Spaß in gespurten Loipen

Mittel	km —	—	beliebig

Tourencharakter
Langlauferlebnis

Anfahrt
Autobahn München–Salzburg (A8), Ausfahrt Weyarn, über Miesbach und Schliersee nach Bayrischzell.

Navigationsangabe
Tannerhofstraße, 83735 Bayrischzell (GPS-Daten 47.674245, 12.021216)

Ausgangs-/Endpunkt
Parkplatz Tannerfeld (kostenfrei)

Einkehr
Tannerfeldstüberl, weitere Einkehrmöglichkeiten direkt in Bayrischzell

Information
Tourist-Info Bayrischzell, Kirchplatz 2, 83735 Bayrischzell, Tel. 08023/648, www.bayrischzell.de

Bayrischzell ist neben dem größten Skigebiet der Bayerischen Alpen auch bekannt für seine wunderschön gelegenen und sehr weit verzweigten Loipen. Mit der Leihausrüstung von verschiedenen Sportartikelhändlern können auch Familien, die keine Langlaufskier besitzen, diese faszinierende und entschleunigende Wintersportart ausprobieren.

In das weitverzweigte Loipennetz von Bayrischzell kann man an sehr vielen Stellen einsteigen. Für Anfänger empfiehlt sich aber der Einstieg bei der Sportalm Bayrischzell in der Nähe vom Tannerfeld. Man kann sich hier direkt eine Ausrüs-

Lina: »Die Abhänge waren cool, da konnte ich schnell runtersausen.«

Übungsloipe Bayrischzell

Kurze Verschnaufpause

Links: Ich komm schon vorwärts.

tung ausleihen und unter Umständen mit einem Trainer die ersten Standversuche auf den langen, schmalen Brettern wagen. Zudem kann man unmittelbar in mehrere Übungsloipen einsteigen und sich auch auf einer kleinen Übungsrunde mit einer kleineren Abfahrt auszeichnen.

Nachdem man die Loipengebühr beim Loipenwart oder direkt beim Verleih gezahlt hat (auch Loipen wollen instandgehalten werden), geht es sogleich an den Übungsloipen los. Hier braucht man auch keine Angst vor Zuschauern haben, alle Anfänger stehen am Anfang doch eher unsicher auf den Skiern und sind so mit sich selbst beschäftigt. Auch sollte man die Übungsloipen wirklich bis zu einer standfesten Fahrweise nutzen. Langlaufen sieht zwar relativ leicht aus, ist aber im Eigenversuch nicht ganz so einfach und man möchte sich ja auch nicht verletzen. Steht man einigermaßen sicher auf den Brettern, kann man von hier direkt die Melkstatt-Runde drehen (eine kurze Übungsrunde, circa 1,9 Kilometer, klassisch und für Skatingstil gespurt). Beim nächsten Mal kann man dann auch schon eine weitere Loipe in Angriff nehmen.

Tipp

Lassen Sie Ihr Auto doch einfach stehen und nutzen den kostenlosen Skibus-Service der Gemeinde Bayrischzell. Nähere Infos gibt es bei der Tourist-Info.

Kinderwissen

Wie entsteht Schnee?

Wasser gefriert ab einer Temperatur von
0 °C. In den Wolken hängen sich winzige
Wassertröpfchen an kleine Staubkörner
und gefrieren. So entstehen kleine Eiskris-
talle, die sich mit anderen Eiskristallen
zusammentun. Wenn diese schwer genug
sind, fallen sie als Schnee auf den Boden.

Ein Herz im Schnee

Warum ist Schnee weiß?

Die Schneeflocken wirken wie kleine
Spiegel, die das gesamte Licht der Sonne
reflektieren können. Da das Sonnenlicht
weiß ist, sieht auch der Schnee weiß aus.
Ganz besonders kann man das an frisch
gefallenem Schnee sehen. Durch die
Form der Schneekristalle und der Luft in
der Schneedecke glitzert und funkelt der
Schnee tatsächlich wie tausende winzig
kleine Spiegel. Wenn der Schnee etwas
älter ist, ist er schon etwas zusammen-
gesunken und hat nicht mehr so viel Luft
in sich, so dass er dann nur noch weiß
aussieht und nicht mehr so schön funkelt.

Ist der Schnee immer gleich?

Nein! Es gibt viele unterschiedliche Arten
von Schnee. Man unterscheidet beispielsweise zwischen Neuschnee, Pulverschnee,
Pappschnee, Firn oder Kunstschnee. Im
Neuschnee, der frisch gefallen ist, kann
man oft noch die kristallförmige Form der
Schneeflocken erkennen. Der Pulverschnee
ist leicht und locker. Der Pappschnee
ist hervorragend geeignet, um Schnee-
männer zu bauen, denn er ist feucht und
somit etwas schwerer. Firn nennt man
auch den Altschnee, der schon sehr stark
verdichtet ist. In Skigebieten setzt man
mittlerweile oft Schneekanonen ein, die
Wassertropfen bei unter 4 °C auf die
Skipisten versprühen.

Warum klebt die Zunge an kaltem Metall fest?

Im Winter (aber auch generell) solltest du nie an einem eiskalten Geländer o. ä. lecken, denn die Zunge bleibt daran kleben. Sie friert tatsächlich blitzschnell fest. Das liegt daran, dass Metall ein prima Wärmeleiter ist. Kommt deine Zunge mit dem kalten Metall in Kontakt, zieht das Metall die Wärme deiner Zunge ab. So wird der Speichel zwischen Zunge und Metall so kalt, dass er sofort gefriert. Aber: Durch Erwärmen des Metalls kann man die Zunge wieder lösen – und zwar ohne Schmerzen.

Schneekristalle

Wie entstehen eigentlich Lawinen?

Oft hört man in den Bergen »Achtung, Lawinengefahr!« Doch wie entsteht so eine Schneelawine? Dafür sind mehrere Dinge verantwortlich: wechselnde Wetterverhältnisse, schnelle Temperaturunterschiede, die Menge des Neuschnees und natürlich auch die Sonneneinstrahlung. Diese Faktoren führen dazu, dass sich der Schnee an einem Berg nicht zu einer gleichmäßigen, großen Schneemasse zusammenfügt. Es liegen dann mehrere, unterschiedliche Schichten – wie bei einer Torte – übereinander. Scheint nun beispielsweise die Sonne, taut die oberste Schneeschicht an. Wird es dann draußen wieder kalt, gefriert das getaute Wasser und eine dünne Eisschicht entsteht. Fällt dann wieder Neuschnee, kann sich dieser nicht mehr mit dem darunterliegenden Schnee verbinden, sondern landet auf einer glatten Eisschicht und bleibt somit einfach darauf liegen. So kann es passieren, dass sich eine Schneeschicht von der anderen ablöst und als Lawine ins Tal abgeht.

20 Wintererlebnispark Tannerfeld

In die Reifen, fertig, los!

●	👣 km	⛰	🕐
Leicht	–	–	beliebig

Tourencharakter
Spaß im Wintererlebnispark

Anfahrt
Autobahn München–Salzburg (A8), Ausfahrt Weyarn, über Miesbach und Schliersee nach Bayrischzell.

Navigationsangabe
Tannerhofstraße, 83735 Bayrischzell (GPS-Daten 47.674245, 12.021216)

Ausgangs-/Endpunkt
Parkplatz Tannerfeld (kostenfrei)

Einkehr
Tannerfeldstüberl, weitere Einkehrmöglichkeiten direkt in Bayrischzell

Information
Tourist-Info Bayrischzell, Kirchplatz 2, 83735 Bayrischzell, Tel. 08023/648, www.bayrischzell.de

Dieser Wintererlebnispark am Ortsrand von Bayrischzell ist ideal für Familien mit kleinen Kindern. Ein Zauberteppich bringt kleine Skifahrer, Rodler oder Snowtuber mühelos nach oben und schon kann die Schneegaudi losgehen.

Am Fuße des Wendelsteins liegt ein toller Wintererlebnispark, ideal für Familien mit Kindern. Mittels eines knapp 200 Meter langen Zauberteppichs werden Kinder sicher und ohne den Schlitten selbst den Hang hinaufziehen zu müssen, nach oben gebracht. Die Benutzung des Zauberteppichs ist für relativ kleines Geld zu haben, man muss keine Tageskarte nehmen, hier werden auch Halbta-

Lina: »Die Snowtubingbahn ist spitze.«

Rasten auf dem Zauberteppich

Los geht die wilde Fahrt.

geskarten verkauft (oder man nimmt sich eine Zehnerkarte). Der Hang am Tannerfeld ist in verschiedene Bereiche aufgeteilt, so dass sich die verschiedenen Schneeaktivitäten nicht in die Quere kommen. So kann man mit dem normalen Schlitten auf der linken Seite des Hanges hinunterrodeln. Oder aber man hat sich vorher einen Reifen aus einer Hütte neben dem Start des Zauberteppichs mitgenommen. Mit diesen speziellen Reifen kann man die etwa 300 Meter lange Schneerinne mit einigen Steilwandkurven hinab ins Tal sausen. Achtung, die Snowtubingbahn ist erst für Kinder ab 6 Jahren geeignet.

Eine weitere Alternative ist der flache Hang des Kinderlandes, ideal für die ersten Anfängerversuche der Kinder auf Skiern. Durch bunte Tore oder Figuren geht es nach unten und anschließend mit dem Förderband wieder nach oben. Die örtlichen Skischulen bieten hier auch spezielle Kinderskikurse an. Das nahe gelegene Tannerfeldstüberl lädt zu einer gemütlichen Rast sowie zum Aufwärmen ein.

Lotta: »Der Zauberteppich ist toll, da muss man den Schlitten nicht selbst ziehen.«

21 Skifahren im Sudelfeld

Ein ideales Familienskigebiet

●	🚶 km	⛰	🧭
Leicht	—	—	beliebig

Tourencharakter
Skispaß

Anfahrt
Autobahn München–Salzburg (A8), Ausfahrt Weyarn, über die B472 und die B307 nach Miesbach Richtung Schliersee, weiter nach Bayrischzell.

Navigationsangabe
Parkplatz Waldkopfbahn, an der B307 (GPS-Daten 47.681801, 12.044667)

Ausgangs-/Endpunkt
Parkplatz Waldkopf Talstation (kostenfrei)

Einkehr
Verschiedene Almhütten und Berggasthöfe im Skigebiet

Information
Tourist-Info Bayrischzell, Kirchplatz 2, 83735 Bayrischzell, Tel. 08023/648, www.bayrischzell.de

Etwa 80 Kilometer südlich von München erstreckt sich ein herrliches Skiareal – das Skigebiet im Sudelfeld, das keinerlei Wünsche offenlässt: urige Almhütten, sonnige Terrassen, ein abgegrenztes Kinderareal und sogar Action pur, dank Snowpark und Freeridecross.

31 Kilometer Pistenabfahrten, 14 Lifte, Sesselbahnen mit Kindersicherung und sogar Sitzheizung, ein abwechslungsreiches Kindergebiet sowie eine Actionwelt mit Snowpark und Freeridecross – alles das bietet das Skiareal in der Wendelsteinregion. Zudem ist das Sudelfeld das flächenmäßig größte zusammenhängende Skigebiet Deutschlands.

Bei der Talstation der Waldkopfbahn befindet sich das SNUKI-Kinderland. Abgegrenzt vom übrigen Pistenbetrieb können die

Rechts: Brücke im Sudelfeld

Rechte Seite: Traumhafte Pisten im Sonnenschein

kleinen Skifahrer mithilfe eines Förderbandes und Seilliften zum Festhalten durch einen bunten Figurenwald sowie durch unterschiedlich gestaltete Geländeformen spielerisch ihre ersten Skifahrversuche erproben. Für schon geübtere Klein-Skifahrer gibt es auch einige Bodenwellen und kleinere Schanzen, die für etwas Nervenkitzel sorgen. Das Tolle am Kinderareal ist jedoch die Tatsache, dass es für jedermann zugänglich ist und kein Liftticket benötigt wird. Der Eintritt für Kinder beträgt 9 Euro, Eltern sind frei. Skilehrer oder Kinder-Skikurse sind jederzeit buchbar. Ein willkommenes Plus ist, dass sogar an wartende, zuschauende Eltern gedacht wurde, nämlich in Form einer Eltern-Warte-Lounge.

In der Nähe der Schindlberger Alm gibt es seit dem Jahr 2015 eine Actionwelt. Hier kommen Snowboarder und Freestyler absolut zu ihrem Genuss und können ihre teilweise wagemutigen Tricks zeigen. Sobald die Kinder sicherer auf den Skiern stehen, können sie sich mit den Eltern an die weiteren Pisten und Abfahrten wagen. Im Sudelfeld stehen dazu eine Vielzahl an blauen Pisten zur Verfügung. Meist gehen die blauen Pisten neben den roten Pisten einher, sodass die Kinder in Sichtweite der Eltern auf den blauen Pisten kurven und die Eltern auf den roten Pisten wedeln können.

Ob ich mal damit fahren kann?

Linke Seite: Zukünftige Weltcup-Gewinnerin

Tipp

Fährt man noch etwa 6 Kilometer weiter auf der B307, kommt man an den Tatzelwurmer Wasserfällen vorbei. Vielleicht sind diese ja sogar schon gefroren?

22 Winterspaziergang an der Mangfall

Reizvolle Flusswanderung

Leicht	—	—	beliebig

Tourencharakter
Wandern auf Dammwegen

Anfahrt
A8 Richtung Salzburg, Abfahrt Irschenberg, dann Richtung Bruckmühl halten. Sobald man im Mangfalltal ist, links Richtung Bruckmühl fahren, die nächste Abfahrt rechts Richtung Heufeldmühle. Der Parkplatz ist direkt hinter der Mangfallbrücke auf der rechten Seite.

Navigationsangabe
Heimatweg 6 b, 83052 Bruckmühl (GPS-Daten 47.871340, 11.939372).

Ausgangs-/Endpunkt
Parkplatz hinter der Mangfallbrücke

Ein schöner Spaziergang direkt an der Mangfall, der einen herrlichen Blick auf die Berge bietet. Das ist an der Mangfall nicht nur im Sommer, sondern auch im Winter möglich. Wenn man Glück hat und der Winter sehr kalt ist, kann man nicht nur an der Mangfall, sondern auch auf der Mangfall spazierengehen.

Die Mangfall wird nach dem Zusammenfluss mit der Leitzach bei Feldkirchen-Westerham durchgängig bis zur ihrer Mündung in den Inn bei Rosenheim auf beiden Seiten von Dammwegen begleitet. Auf diesen kann man Spazieren, Wandern, Joggen oder Radfahren. Im Gebiet von Bruck-

> Lina und Lotta:
> »Wir haben sogar Eisblumen entdeckt.«

Auf der Mangfall

Eisterrassen an der Mangfall

mühl wird die Mangfall in regelmäßigen Abständen von Brücken überquert. Dadurch muss man nicht immer auf einer Seite gehen, sondern kann sich einen schönen Rundweg suchen und diesen entlangspazieren. Im Sommer ist auf den Dammwegen immer etwas Radverkehr, der im Winter aber merklich abflaut.

Wenn der Himmel blau und die Luft klar ist, hat man das Gefühl, die schneebedeckten, weiß glitzernden Berggipfel mit der Hand berühren zu können. Die Magie des Winters lässt sich hier direkt und unmittelbar erfahren. Wenn der Winter sehr kalt ist und die Kälteperiode lange genug anhält (wie es im Januar 2017 der Fall war), kann man sogar auf der vereisten Mangfall spazieren.

Im Januar 2017 war es lange sehr kalt, so dass die Dicke des Eises bei 20 bis 30 Zentimetern lag, wie uns bei unserem Spaziergang ein Fachmann mitteilte. Wobei bei Flüssen die Sicherheitshin-

Tipp

Lohnenswert ist auch eine Winterwanderung ab Valley an der Mangfall entlang.

weise für natürliche Eisflächen noch einmal wesentlich mehr Bedeutung haben. Denn unter der Eisfläche ist kein ruhiger See, sondern ein Wildfluss, der eine hohe Ablaufgeschwindigkeit hat. Den Strömungskanten mit den Wasserwalzen im Fluss sind selbst im Sommer schon viel zu viele Menschen zum Opfer gefallen. Wenn man sich jedoch an die Sicherheitshinweise und den gesunden Menschenverstand hält, hat man ein unvergessliches Naturerlebnis, an dem man sonst immer viel zu schnell vorbeigeht und ihm gar nicht die Beachtung schenkt, die Flüsse im Winter eigentlich verdient haben.

Rechte Seite: Guck mal, ein Fisch!

Blick auf die Schlafende Jungfrau

23 Rodeln am Riederstein
Hinauf zur Kapelle über dem Tegernsee

Mittel	2 km	300 m	60–75 Min.

Tourencharakter
Winterwanderung und Rodelabfahrt

Anfahrt
Autobahn München–Salzburg
(A8), Ausfahrt Holzkirchen,
der B318 und der B307 bis
Tegernsee folgen, in Tegernsee
links abbiegen (Parkplatz ist
am Ende der Straße).

Navigationsangabe
Riedersteinstraße, 83684
Tegernsee (GPS-Daten
47.693835, 11.781473)

Ausgangs-/Endpunkt
Parkplatz Rodelbahn

Einkehr
Berggasthaus Riederstein am
Galaun, Galaun 1, 83684 Te-
gernsee, ganzjährig geöffnet
(Dienstag Ruhetag)

Information
www.tegernsee.com

Ausgangs-/Endpunkt
Parkplatz hinter der Mangfallbrücke

Diese schöne Wanderung führt uns zu einem originalen Krimi-Schauplatz, denn der Riederstein samt Galaun-Alm kommen als Tatort in einem oberbayerischen Kriminalroman vor. Ein Abstecher zur Riedersteinkapelle wird mit einem tollen Blick über das Tegernseer Tal belohnt. Rasant geht es dann die 2 Kilometer mit dem Rodel zurück ins Tal.

Majestätisch thront die Riedersteinkapelle über Rottach-Egern und dem südlichen Tegernseer Tal. Unter ihr versteckt sich eine ruhige und nicht so überlaufene Rodelstrecke. Bei der Rodelstrecke am Riederstein merkt man, dass keine Seilbahn hochfährt, sondern man muss

Lina und Lotta:
»Der Kaiser-
schmarrn ist
sooo gut.«

Verdiente Pause an der Galaun

den Anstieg selbst meistern. Aber nicht nur, dass die Aussicht von der Kapelle superschön ist, bereits vom Berggasthof Galaun hat man einen schönen Blick auf den Tegernsee. Zudem be-

Ausblick vom Riederstein

kommt man am Gasthof eine wohlverdiente Stärkung, bevor es auf einer rasanten Piste auf dem eigenen Schlitten (kein Rodelverleih!) bergab geht.

Der Weg beginnt am Ende der Riedersteinstraße auf dem Parkplatz der Rodelbahn. Hier geht man nun geradeaus auf der kombinierten Forststraße/ Rodelbahn bergan Richtung Riederstein. Dieser Straße folgt man nun die ganze Zeit, bis man am Berggasthof Galaun ankommt. Hier kann man gleich einkehren oder, falls das Wetter gut ist, die Schneeverhältnisse es zulassen und die Kinder noch genug Kraft haben, den Anstieg zur Riedersteinkapelle in Angriff nehmen. Dazu geht es kurz vor dem Berggasthof rechts auf einen Wald-

Tipp

Eine Alternativroute zur Galaunalm bietet der Weg ab dem Wanderparkplatz am Sonnleitenweg. Dieser Weg ist allerdings nicht rodelgeeignet.

weg. Dieser Waldweg ist bis hoch zur Kapelle als Kreuzweg angelegt und somit in vierzehn Kreuzwegstationen eingeteilt. Es ist für die Kinder ein willkommener Motivator, stets die nächste Station zu entdecken. Der Weg ist ein Waldweg, der auch einige steilere Stellen hat und kurz vor der Kapelle zu einem Steig wird. Daher sollte man diesen Weg auch wirklich nur begehen, wenn es die Wetter- und Schneeverhältnisse zulassen. Die Wirtsleute vom Berggasthof geben gerne Auskunft, ob der Weg begehbar ist. Falls er machbar ist, sollte man ihn auf jeden Fall mitnehmen, da sich von oben das südliche Tegernseer Tal mit den Blaubergen über Kreuth von seiner schönsten Seite zeigt. Schließlich zurück am Berggasthof angekommen warten dann entweder die köstliche Stärkung oder die Rodelabfahrt hinab ins Tal.

Oben: Es schmeckt! Echt jetzt.

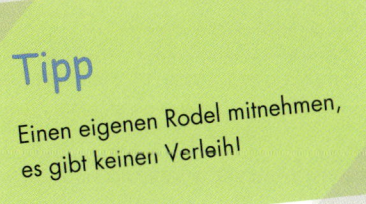

Tipp

Einen eigenen Rodel mitnehmen, es gibt keinen Verleih!

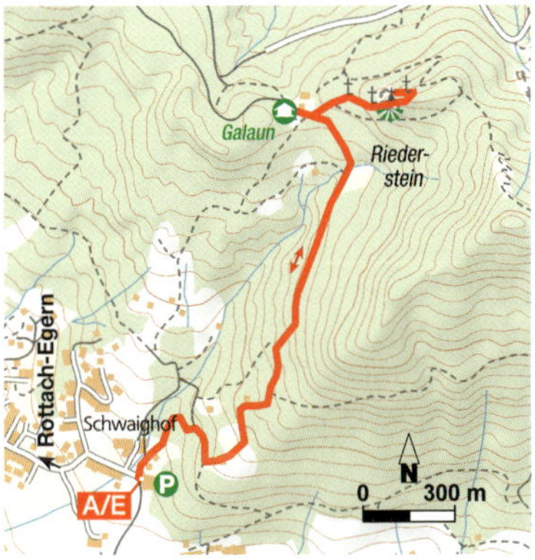

Linke Seite: Komm, ich helf' dir.

24 Rodeln an der Kala-Alm

Bergauf zu Fuß, bergab per Schlitten

Mittel   3,5 km   400 m   60–75 Min.

Tourencharakter
Wandern auf Wanderweg und gewalzter Rodelstrecke

Anfahrt
Autobahn A93 München–Kiefersfelden, Ausfahrt Kiefersfelden, über die St2089 nach Kufstein. Gleich nach dem Kreisel rechts halten, weiter bis nach Thiersee. Im Zentrum bei der Kreuzung links abbiegen, den Berg hinauf und im Ortsteil Mitterland links Richtung Schneeberg fahren.

Navigationsangabe
Schneeberg 50, 6335 Thiersee, Österreich (GPS-Daten 47.580337, 12.093929)

Ausgangs-/Endpunkt
Parkplatz Alpengasthof Schneeberg (kostenpflichtig)
Karte: Wanderkarte 1:50000, WK 6 Alpenwelt Karwendel (Kompass)

Einkehr
Kala-Alm, Familie Mairhofer, Schneeberg 50 a, 6335 Thiersee, Öffnungszeiten Winter: Dienstag bis Samstag 9 bis 24 Uhr, Tel. +43/664/394 42 84, www.kala-alm.at

Information
Tourist-Infobüro Thiersee, Vorderthiersee 38, 6335 Thiersee, Österreich, Tel. +43/5372/622 07, www.kufstein.com

Die Kala-Alm, etwas unterhalb des Pendling gelegen, bietet neben der wunderschönen Aussicht auf das Bergpanorama und hervorragender Küche eine abwechslungsreiche Rodelabfahrt. Auch am Abend lädt die beleuchtete Rodelbahn zu einer rasanten Rutschpartie ein.

Der Anstieg beginnt auf dem kostenpflichtigen Parkplatz vom Alpengasthof Schneeberg. Am Gasthof geht man rechts an einer großen Rodelgarage vorbei, an der man nach der Abfahrt seinen Rodel wieder abstellen kann. Natürlich darf man auch seinen eigenen Schlitten mitbringen, muss diesen aber selbst den Berg hochziehen.

Nach einem kleinen Anstieg geht man rechts ein Stück und steht bereits nach kurzer Zeit auf der Abfahrtsroute. Diese führt an dieser Stelle nach rechts den Berg hinab auf den letzten Rodelhang, der bei guter Schneelage auch als Skihang genutzt wird. Dort ist auch ein bequemer Schlepplift vorhanden. Nun geht es die Rodelabfahrt immer hinauf. Auf der Strecke muss man insbesondere bei Kurven besonders achtsam sein, da

Lotta: »Das Essen war total lecker.«

Toben im Schnee macht Spaß!

Gleich geht's los!

Lina: »Super, dass man die Schlitten nicht hochziehen muss, sondern einfach nur runtersausen darf.«

einem hier doch teilweise überraschend schnelle Abfahrer entgegenkommen.

Nach einer guten Stunde erreicht man dann endlich die Kala-Alm, um dort seine wohlverdiente Brotzeit oder sein Abendessen zu verspeisen. Die Kala-Alm ist relativ neu renoviert und lädt mit ihrem gemütlichen Interieur zum längeren Verweilen ein. Auch die Qualität der Speisen hält einen hier in der Alm zur Hüttengaudi fest. Das macht aber nichts, da etwa zwei Drittel der Rodelstrecke nachts beleuchtet sind. Nur das letzte Stück nicht mehr, was aber durch dessen offene Lage nicht so viel ausmacht. Dank des Sternenhimmels sieht man auch hier relativ gut und es ist nochmal ein extra Abenteuer. Zur Sicherheit sollte man dennoch eine Stirnlampe pro Schlitten dabeihaben. Falls man seinen Schlitten nicht selbst hochgezogen hat, kann man sich für einen geringen Unkostenbeitrag Einzel- sowie Doppelrodel ausleihen. Dadurch, dass die Strecke bis auf das letzte Stück im Wald liegt, ist sie teilweise selbst bis in den April hinein schneesicher.

Tipp

Bei einem schneereichen Winter sind Schneeketten für die Anfahrt erforderlich.

Linke Seite: Verfolgungsjagden

Meterhoher Schnee

Bastelideen

Kerze im Eismantel

Eiswindlicht

Dafür benötigt ihr zunächst zwei unterschiedliche Schüsseln. Stellt die kleinere Schüssel in die Mitte der großen Schüssel. Dekoriert nun den Zwischenraum mit Zweigen, Hagebutten, kleinen Zapfen, Blättern und füllt abschließend den Behälter mit Wasser.

Achtung: Die kleinere Schüssel müsst ihr vorher noch mit Steinen oder einem Gegenstand beschweren! Stellt die Schüsseln über Nacht nach draußen und wartet, bis das Wasser gefroren ist. Jetzt lasst ihr ganz vorsichtig warmes Wasser über die äußere Schüssel laufen und könnt euer Windlicht herauslösen. Mit einem Teelicht in der Mitte habt ihr eine schöne Tischdeko für draußen.

Eisanhänger

Füllt einen Teller mit hohem Rand mit Wasser. Wenn ihr nun Plätzchenformen in das Wasser stellt, entstehen tolle Eisanhänger. Damit ihr sie später aufhängen könnt, legt noch einen Faden in das Wasser. Sobald das Wasser gefroren ist, könnt ihr eure Eisanhänger vorsichtig aus dem Teller nehmen und euren Garten damit dekorieren. Schön sieht es auch aus, wenn ihr eure Eisscheiben mit Blättern, Beeren oder Lebensmittelfarbe dekoriert.

Bunte Eiskugeln

Befüllt Luftballons mit Wasser und Lebensmittelfarbe und knotet oder bindet sie zu. Stellt eure Ballons nun beispielsweise in eine Kiste, gefüllt mit Schnee und lasst eure Ballons etwa 12 bis 18 Stunden gefrieren. Nun könnt ihr die Luftballons einfach aufschneiden und von eurer bunten Eiskugel entfernen. Nun könnt ihr euren Garten oder eure Terrasse richtig bunt gestalten.

Schneekugel

Eine Schneekugel könnt ihr ganz leicht selbst basteln. Dazu braucht ihr ein leeres, sauberes Glas mit Deckel, wasserfesten Kleber, destilliertes Wasser, etwas Spülmittel, Kunstschnee (erhältlich im Bastelladen) und natürlich eine Figur o. ä., die in eurer Schneekugel eingeschneit werden soll. Klebt als erstes eure Figur auf der Innenseite des Deckels fest und lasst den Klebstoff gut trocknen. Als nächstes gebt ihr etwas von dem Schneepulver in das Glas. Anschließend füllt ihr euer Glas mit destilliertem Wasser und einem kleinen Tropfen Spülmittel. Zuletzt schraubt ihr den Deckel mit der Figur auf das Glas.

Schneemannpärchen

Auf dem Predigtstuhl

Chiemgau und
Berchtesgadener
Land

25 Priener Hütte

Hüttenübernachtung der besonderen Art

Mittel	km 6,5 km	700 m	2,5 Std.

Tourencharakter
Hüttenübernachtung

Anfahrt
Autobahn München–Salzburg
(A8) bis zur Ausfahrt Frasdorf,
über Aschau Richtung Sachrang.

Navigationsangabe
Huben 9, 83229 Aschau/
Sachrang (GPS-Daten
47.710663, 12.283549)

Ausgangs-/Endpunkt
Parkplatz Huben

Information
Priener Hütte, Huben 50,
83229 Aschau/Sachrang,
Tel. 08057/428,
www.prienerhuette.de

Oberhalb von Sachrang und unterhalb des Geigelsteins liegt eine traumhafte kinder- und familienfreundliche Alpenvereinshütte. Entweder nur zum Hochwandern und Hinabrodeln oder auch, um dort eine Nacht zu verbringen.

Dass es in den Alpen viele bewirtschaftete Hütten mit Übernachtungsmöglichkeiten gibt, ist bekannt. Manchmal verbirgt sich aber zwischen der Vielzahl der Hütten manche Perle. Eine dieser Perlen ist die Priener Hütte. Diese ist nach einem knapp zweieinhalbstündigen Aufstieg (vom Wanderparkplatz Huben aus) erreichbar.

Lotta: »Der Nachspeisenteller war spitze.«

Der Weg nach oben führt über eine im Winter gewalzte Forststraße, die auch als Rodelabfahrt genutzt wird. Daher muss man beim Aufstieg vorsichtig sein. Jedoch ist die Forststraße ausreichend breit. Der Aufstieg selbst ist sehr gut ausgeschildert und landschaftlich abwechslungsreich, so dass die Kinder

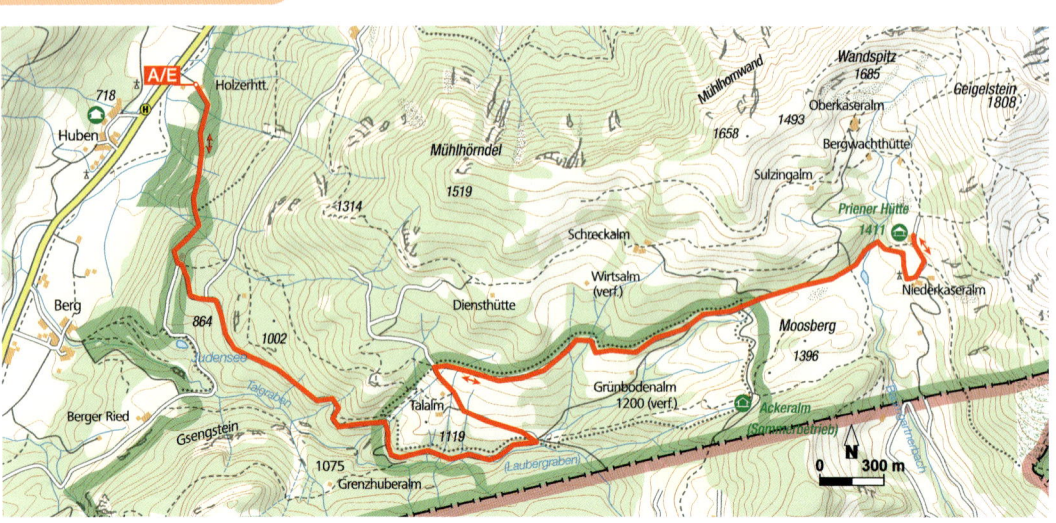

auch nicht die Lust verlieren. An der Hütte angekommen, wird
man sehr schnell für alle Anstrengungen mehr als entschädigt.

Lecker!

Die Kuchenauswahl ist reichhaltig und lecker.
Und nach ein paar Spielen in der gemütlichen
Hüttenstube oder im Kinderspielbereich kann
man dann das Abendessen genießen, das besser ist als in manchem Gasthaus im Tal. Nach
dem Essen kann man sich in die gemütlichen
und gepflegten Vier- bis Sechsbettzimmer oder
ins Lager zurückziehen. Zum Frühstück wartet
ein reichhaltiges Buffet.

Und zum Abschluss lockt dann noch die rasante
Schlittenabfahrt ins Tal. Die Schlitten kann man
bei der Hütte für geringes Geld ausleihen und sie
kurz vor dem Wanderparkplatz wieder abstellen.

Uns hat die Hütte wirklich sehr gut gefallen. Wir werden dort
sicher nicht zum letzten Mal gewesen sein und diese bestimmt
auch im Sommer besuchen.

Tipp

Wer nach dieser Tour noch bei
Kräften ist, kann bei geeigneter
Wetter- und Schneelage noch den
Geigelstein in Angriff nehmen
(ab der Priener Hütte noch circa
1,5 Stunden).

26 Skifahren an der Hexenwiese in Söll

Kinderleicht Skifahren lernen

●	👣 km	⛰	🕐
Leicht	—	—	beliebig

Tourencharakter
Skifahren

Anfahrt
Autobahn A8 München–Kie-
fersfelden, weiter auf der
A12 (Achtung, mautpflichtig),
Ausfahrt Wörgl-Ost, über die
Schnellstraße 178 direkt in die
Skigebiete.

Navigationsangabe
Parkplatz Berg- und Skilift
Hochsöll, Stampfanger
21, 6306 Söll, Österreich
(GPS-Daten 47.498003,
12.199214)

Ausgangs-/Endpunkt
Parkplatz Berg- und Skilift
Hochsöll

Einkehr
Diverse Skihütten und mehrere
Einkehrmöglichkeiten in Söll

Information
www.skiwelt.at

Neben dem bekannten Einstieg in die Skiwelt Wilder Kaiser/Brixental in Scheffau/Ellmau gibt es auch den et-was kleineren Einstieg in das Skigebiet in Söll. Ideal für kleine Ski-Neulinge oder auch Erwachsene, die seit Jah-ren nicht mehr auf den Brettern standen.

Hier startet das Skivergnügen am Park-platz der Talstation zur Hohen Salve. Neben der Talstation der Gondel-bahn liegt ein Übungsbereich, die Hexenwiese, in dem zwei kosten-lose Zauber- bzw. Hexenteppiche Kin-der (oder auch Erwachsene) zum Skifah-ren-Lernen einladen.

Lina: »Die steile Abfahrt war super.«

Auch im Sommer ist dieses Gebiet sehr empfehlenswert. Auf der Mittelstation der Gondelbahn liegt nämlich das Hexenwasser,

Ob sie da noch durchkommt?

Auf der Hexenwiese

ein Wasser-Erlebnisbereich auf circa 1200 Metern Höhe, in dem man, nachdem man sich seiner Schuhe in den bereitstehenden Boxen entledigt hat, barfuß verschiedene kleine Wasserläufe erkunden kann und in kleinen Gumpen nach Herzenslust plantschen kann.

Bei den Zauberteppichen kann man auf einer Skiwippe und Rohrdurchfahrten seine Standfestigkeit auf Skiern trainieren. Neben den Teppichen gibt es zwei kleinere Schlepplifte, die zur einmaligen Benutzung auch noch kostenlos sind.

Sobald die Skianfänger diese Übungslifte und die diversen Herausforderungen an den Hexenteppichen gemeistert haben, kann man sich mit einem Ticket zur Mittelstation der Hohen Salve am Berggasthof Hohensöll bringen lassen und die vielen leichten (blauen) Abfahrten in dem Bereich erkunden.

Besonders schön ist es, dass selbst die Talabfahrt familientauglich ist. Bei den Pisten gibt es dann natürlich auch die verschiedenen Kinderattraktionen mit Torlauf und Slalomstrecke. Für Skimuffel stehen hier zudem zwei Rodelabfahrten bereit, um in wilder Fahrt zur Talstation zu sausen. Ausklingen lassen kann man das Vergnügen am Berggasthof Hohensöll oder an der Talstation.

Tipp

Unbedingt auch einen Besuch im Sommer einplanen!

27 Premium-Winterwander- wege in Reit im Winkl

Wanderwege mit Entdeckergarantie

Leicht	6,3 km	60 m	1,5 Std.

Tourencharakter
Wandern auf gewalztem Winterwanderweg

Anfahrt
Autobahn München–Salzburg (A8) bis zur Ausfahrt Bernau, dann der B305 (Deutsche Alpenstraße) Richtung Reit im Winkl folgen, in der Dorfmitte Richtung Kössen halten. Kurz darauf ist linkerhand der Festsaal.

Navigationsangabe
Tiroler Straße 37, 83242 Reit im Winkl (GPS-Daten 47.675831, 12.465428)

Ausgangs-/Endpunkt
Langlaufstadion/Parkplatz am Festsaal

Einkehr
Im Auwald wenige, im Dorf sehr viele Einkehrmöglichkeiten

Information
Tourist-Information Reit im Winkl, Rathausplatz 1, 83242 Reit im Winkl, Tel. 08640/ 79 69 20, www.reitimwinkl.de

Reit im Winkl ist eigentlich für seine wunderschönen Loipen im Winter berühmt, aber seit 2011 gibt es auch für Winterwanderer mehrere wintersportgerätefreie Alternativen – und zwar zwei Premium-Winterwanderwege: zum einen den Panoramaweg auf der Hemmersuppenalm über Reit im Winkl, zum anderen den Kaiserblickweg im Tal der Lofer und durch den Ort.

Wir haben für unsere Wandertour den Kaiserblickweg gewählt, dieser startet am Kurhaus in Reit im Winkl. Dieser Startpunkt ist auch ideal, wenn man alternativ dazu auch noch eine Langlaufrunde anhängen möchte, da hier mehrere Loipen und Wege zueinan-

Lotta: »Am besten war das Eis zum Schluss.«

Na warte ...!

derführen. Den Einstieg zum Wanderweg findet man aufgrund der hervorragenden Beschilderung ohne Probleme. Da der Weg auch für Wanderer gewalzt wurde, muss man nicht auf den Loipen der Langläufer gehen. Wir sind ihn nicht in Richtung Dorf gegangen, sondern haben uns am Kurhaus rechts gehalten in Richtung Wald.

Drei Schleckermäuler

Da der Weg mit dem Sommer-Kinderwagenwanderweg übereinstimmt, findet man öfters im Wald kleine Stationen, die im Winter ihren ganz eigenen Charme haben (wenn zum Beispiel – dank ausreichend Schnee am Boden – das Klettergerüst auch für die Allerkleinsten erreichbar ist). Im Wald führt der Weg dann linkerhand Richtung Lofer, die man alsbald auf der Brücke am Krautloider überquert. Nun folgt man der Lofer flusswärts durch den Auenwald. Hier können

die Kleinen die verschiedenen Spielstationen vom Sommerwanderweg entdecken, beispielsweise den Wichtelwald, die Biberburg am Naturfernseher und vieles mehr. Nachdem man die Lofer wieder am Ortsteil Blindau überquert hat, wird der Weg seinem Namen »Kaiserblick« mehr als gerecht, da sich nun das Kaisergebirge in seiner vollen Pracht und Schönheit von seiner besten Seite zeigt. Über nahezu 3 Kilometer hat man einen herrlichen Blick auf das Kaisergebirge mit dem Wilden und Zahmen Kaiser.

Ab der Brücke kann man den Weg auch etwas kürzer gestalten, indem man nicht rechts die Straßenseite wechselt, sondern an der Alpenstraße links Richtung Zentrum geht. Nach einem kurzen Anstieg

Lina: »Es war richtig warm, obwohl noch so viel Schnee lag.«

quert der Weg erneut die Alpenstraße und man kann wieder einschwenken. Auch ist man jetzt mehr im Dorf unterwegs mit seinen vielen Einkehrmöglichkeiten. Bei uns war das Wetter so schön und warm, dass unsere Kinder das Eis im Schnee mit größtem Vergnügen verspeisten. Nun kann man auch schon wieder das Kurhaus und den Ausgangspunkt sehen.

Rechte Seite: Ich treff' dich!

Das Kaisergebirge

28 Drei-Seen-Wanderung bei Ruhpolding

Rundtour um idyllische Bergseen

Mittel	11,6 km	70 m	3,5 Std.

Tourencharakter
Wandern auf Winterwander-
weg

Anfahrt
Autobahn München–Salzburg
(A8) bis zur Ausfahrt Traun-
stein/Siegsdorf auf der B306,
im Kreisverkehr die erste Ausfahrt nehmen und immer der
B305 bis zum Ziel folgen.

Navigationsangabe
Parkplatz Seehaus, 83324
Ruhpolding (GPS-Daten
47.711912, 12.622794)

Ausgangs-/Endpunkt
Wanderparkplatz Seehaus

Einkehr
Gasthof Seehaus, im Winter
Langlaufhütte am Mittersee

Information
Tourist-Info Ruhpolding, Bahnhofstraße 8, 83324 Ruhpolding, Tel. 08663/880 60,
www.ruhpolding.de

Zwischen Ruhpolding und Reit im Winkl liegen neben der deutschen Alpenstraße auch mehrere wunderschön gelegene Seen, an denen die meisten nur schnell vorbeifahren, die es aber durchaus wert sind, genauer entdeckt zu werden: der Löden-, der Mitter- und der Weitsee. Für kleinere Kinder ist dieser Weg möglicherweise zu lang, aber was spricht gegen eine »Eltern-Entschleunigungstour«?

Die folgende Tour ist eine Multifunktionstour. Hier kann man im Winter entweder Wandern oder Ski-Langlaufen und im Sommer Wandern, Radfahren und Baden. Die Tour startet am vierten See der Drei-Seen-Wanderung: am Förchensee. Falls einem die Tour mit circa 11 Kilometern zu lange sein sollte, kann man auch ab dem Parkplatz Lödensee die Tour starten.

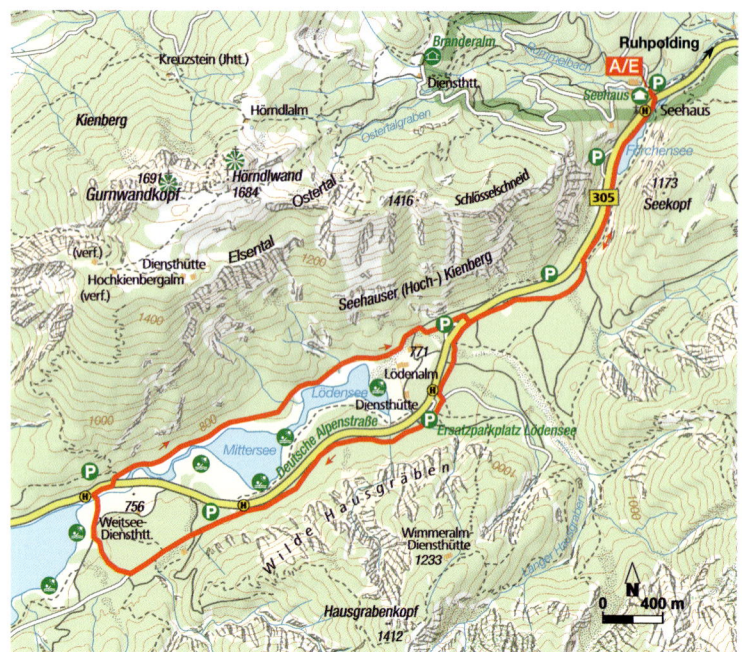

Rast am Mittersee

Am Förchensee wandert man auf dem gut ausgebauten Weg zwischen der Straße und dem See gemütlich entlang bis zum Ende des Sees. Hier geht es nun ein gutes Stück weg von der Straße in ein verwunschenes Waldstück. Dem weiterhin gut ausgebauten Weg (im Winter gut gespurt und gewalzt) folgt man immer weiter, bis dieser schließlich unter der Bundesstraße Richtung Norden/Lödensee führt.

Geradeaus würde es direkt zum Weitsee gehen, im Sommer eine gute Alternative, falls man direkt zum Baden möchte. Der Weg zum Lödensee führt durch vereinzelt mit Bäumen bewachsenen Almwiesen zum nördlichen Ufer des Sees. Zwischen Löden- und Mittersee kommt man zu der im Winter bewirtschafteten Mittersee-Hütte, die Langläufer und Winterwanderer willkommen heißt.

Tipp

Auch die Chiemgau-Arena ist immer wieder lohnenswert. Im Januar macht der Biathlon-Weltcup in Ruhpolding Station. Wer selbst in den beliebten Sport hineinschnuppern möchte, kann dies im Biathlon-Camp von Fritz Fischer tun.

Falls die Schneeschmelze reichlich war bzw. genügend Nieder-schlag gekommen ist, kann es auch sein, dass der Lödensee und der Mittersee zu einem See zusammenwachsen. Der Weg ist jedoch genügend weit oberhalb der beiden Seen, um immer trockenen Fußes an den Seen vorbeizukommen. Am Ende des Mit-tersees muss man nun erneut die Bundesstraße zum Weitsee queren. Der Weitsee liegt wie alle Seen im Naturschutzgebiet, hier sind deswegen nur zwei Stellen zum Baden freigegeben. Der Weg führt auch direkt an einer Badestelle vorbei, bei der man das unwahrscheinlich klare Wasser bestaunen kann. Kurz vor Ende der Badestelle steht eine Hütte, neben welcher der Weg wieder zurück zum Förchensee führt.

Tipp

Ein Besuch der Windbeutelgräfin in Ruhpolding sollte auf dem Pflichtpro-gramm stehen.

Linke Seite: Glasklares Wasser am Förchensee

Lawinenreste

29 Alpaka-Wanderung in Inzell

Mit Alpakas in die Abenddämmerung

Leicht	3,4 km	20 m	2 Std.
			(plus 1 Std. Nebenprogramm)

Tourencharakter
Wandern auf Straße und gewalztem Winterwanderweg

Anfahrt
Autobahn München–Salzburg (A8) bis zur Ausfahrt Traunstein/Siegsdorf, weiter auf der B306 Richtung Inzell/Ruhpolding, im Kreisverkehr zweite Ausfahrt nehmen und der B306 bis zum Ziel folgen.

Navigationsangabe
Parkplatz beim Haus des Gastes, Rathausplatz 5, 83334 Inzell (GPS-Daten 47.763100, 12.748302)

Ausgangs-/Endpunkt
Beim Privathaus des Züchters (Anfahrtsbeschreibung bei der Tourist-Information)

Information
Tourist-Information Inzell, Rathausplatz 5, 83334 Inzell, Tel. 08665/988 50, www.inzell.de

In Inzell kann man nicht nur die Eishalle Max-Aicher-Arena besichtigen, Langlaufen oder auf der Kesselalm Snowtuben, sondern auch eine Abenddämmerungs-Wanderung mit wunderschön kuschelweichen Alpakas machen.

In der Tourist-Information in Inzell kann man sich für die Wanderung anmelden, die von einem örtlichen Alpaka-Züchter angeboten wird. Man trifft sich zur Wanderung beim Wohnhaus der Züchter und erfährt dort, wie man sich in Begleitung der Alpakas verhalten muss. Nachdem jeder seine LED-Laterne erhalten hat, geht es endlich zum Gehege der Alpakas.

> Lina: »Ich fand es cool, dass wir die Alpakas selbst führen durften.«

Rechts: Ich und mein Alpaka

Rechte Seite: Wer hat hier das Sagen?

Die Züchter haben um die 35 Tiere, die in zwei Gehegen nach Geschlechtern getrennt gehalten werden. Nachdem man die Tiere kurz am Zaun kennengelernt hat, geht man ins Gehege und holt sich »sein« Alpaka. Im Gehege ist es schon ein Erlebnis, die Tiere von der Nähe zu sehen und streicheln zu dürfen. Nun werden die Tiere gehalftert und nach weiteren Erklärungen geht die Wanderung auch schon los in die Abenddämmerung. Die Strecke führt über gespurte Winterwanderwege und Straßen durch Inzell, von denen man die Inzell umgebenden Berge (mit Glück) im Abendrot leuchten sieht. Mit den Laternen und den Tieren am Zügel entwickelt sich eine wunderbare Stimmung, die man so, ohne ein Alpaka an der Seite noch nicht erlebt hat. So verfliegt die Zeit, man ist viel zu schnell wieder am Gehege und muss den kuschelweichen Tieren Lebewohl sagen. Nach der Wanderung wird in der sehr urigen und gemütlichen Hütte des Züchters noch Wissenswertes zu den Alpakas und deren Zucht bei einem heißen Kinderpunsch oder Glühwein erzählt. Unseren Kindern war das jedoch zu langweilig, sie malten lieber bei der Züchterin und Kinderpunsch in der gemütlichen Stube Bilder zur Wanderung. Während wir uns bei der Heimfahrt das Erlebte nochmal durch den Kopf gehen ließen, verstanden wir, was der Züchter in der Hütte erzählte: Die meisten Besucher kommen immer wieder, um mit den Alpakas zu wandern.

Lotta: »Mein Alpaka war kuschlig weich.«

Linke Seite: Viele Kuscheltiere

Unten: Abendstimmung über Inzell

Tipp

Wie wäre es noch mit einer Snow-tubing-Runde an der Kesselalm?

30 Predigtstuhl

Mit einer 100-jährigen Seilbahn auf einen Schneeschuhpfad

Leicht	1,3 km	85 m	1 Std.

Tourencharakter
Schneeschuhtrail

Anfahrt
Autobahn München–Salzburg (A8), Ausfahrt Piding/Bad Reichenhall, der B21 nach Bad Reichenhall folgen.

Navigationsangabe
Südtiroler Platz 1, 83435 Bad Reichenhall (GPS-Daten 47.716644, 12.872258)

Ausgangs-/Endpunkt
Parkplatz an der Predigtstuhlbahn (kostenfrei), weitere Parkplätze oberhalb der Predigtstuhlbahn

Einkehr
Almhütte Schlegelmulde, Bergrestaurant Predigtstuhlbahn, Einkehrmöglichkeiten in Bad Reichenhall

Information
Tourist-Info Bad Reichenhall, Wittelsbacherstraße 15, 83435 Bad Reichenhall, Tel. 08651/715110, www.bad-reichenhall.de

Mit der ältesten Großkabinenseilbahn der Welt zu fahren, ist allein schon ein Erlebnis. Wenn noch eine Schneeschuhwanderung mit grandioser Aussicht dazu kommt, ist es nur noch spektakulärer. Man muss aber nicht unbedingt mit Schneeschuhen gehen, sondern kann auch auf einem geräumten Wanderweg wandern.

Die Tour beginnt am Parkplatz der denkmalgeschützten Predigtstuhlbahn. In dem historischen Gebäude der Bahn (Eröffnung 1928) taucht man direkt ein in die Geschichte der spektakulären Seilbahn. Der Eingangsbereich ist mit Werbeplakaten der Bahn aus den 1930er-Jahren geschmückt.

Nachdem man die Reise über die Dächer von Bad Reichenhall hinter sich gebracht hat und an der Bergstation der Bahn aussteigt, öffnet sich bereits teilweise der Blick auf eine wunderschöne Bergaussicht. Nach der

Lotta: »Auf dem Berg lag sooo viel Schnee.«

Bergstation sind wir direkt den Schneeschuhspuren links auf den Gipfel des Predigtstuhls gefolgt. Dadurch, dass schon sehr viele Schneeschuhgeher den Weg gegangen sind, war er ohne größere Schwierigkeiten begehbar und wäre sogar nur mit normalen Wanderschuhen möglich gewesen.

Am Gipfel hatten wir einen wunderschönen Rundumblick, der neben dem Chiemgau auch die Watzmanngruppe und die Salzburger Berge bereithält. Vom Gipfel folgt man nun den praktischen Spuren bergab zum

Gehweg zur Almhütte Schlegelmulde. Wir hatten besonderes Glück, denn es war ein sehr schneereicher Winter, sodass der geräumte Wanderweg, der um den Gipfel des Predigtstuhls zur Alm führt, teilweise bis zu drei Meter hoch von Schneewänden begrenzt war.

Aussicht auf Bad Reichenhall

Links: Verlaufen unmöglich!

An der Schlegelmuldenalm kann man sich einen Schlitten leihen und dort am Hang des Hochschlegels rodeln oder einfach an der Alm die Sonne genießen. Falls an der Schlegelmuldenalm alle Sitzplätze belegt sind, erreicht man nach circa 10 Minuten auf dem bereits erwähnten geräumten Wanderweg wieder die Bergstation. Lohnenswert ist eine kurze Auszeit auf der Glasterrasse des dortigen Berggasthofes.

Tipp

Wie wäre es noch mit einem Besuch des Hauses der Berge in Berchtesgaden?

Rezeptideen

Schneemann-Muffins

Schneemann-Muffins

Zutaten

250 g Mehl
2 TL Backpulver
1 Prise Salz
130 g weiche Butter
150 g Zucker
2 Eier
250 g Naturjogurt
125 g Puderzucker
2 EL Zitronensaft
Kokosraspel
Schokotropfen/-blättchen
Zucker- oder Marzipankarotten

Zubereitung

Heizt den Backofen zunächst auf 160 °C Umluft vor und legt Papierförmchen in das Muffinblech. Siebt nun das Mehl in eine Schüssel und vermischt es mit der Prise Salz und dem Backpulver. In einer zweiten Schüssel verrührt ihr die Butter mit dem Zucker und den Eiern, bis eine cremige Masse entstanden ist. Rührt nun den Jogurt vorsichtig unter und gebt anschließend die Mehlmischung hinzu. Den fertigen Teig füllt ihr nun in die Papierförmchen und lasst die Muffins etwa 20–25 Minuten backen. Sind die Muffins abgekühlt, geht es los mit der Schneemann-Verzierung. Rührt dazu aus dem Puderzucker und Zitronensaft einen dickflüssigen Zuckerguss an. Mit diesem bestreicht ihr die Muffins und streut anschließend die Kokosraspel darüber. Drückt in den noch feuchten Zuckerguss zwei Schokotropfen als Augen, die Marzipankarotte als Nase und einige Schokoblättchen als Mund. Fertig ist euer Schneemann-Muffin!

Schneebälle

Zutaten

1 Tortenboden (Biskuit)
½ Becher Sahne
1 Pck. Sahnesteif

1 Pck. Vanillezucker
1 kleine Dose Ananas
(oder frische Ananas)
100 g Kokosraspel

Zubereitung

Zerbröselt den Tortenboden in eine Schüssel. Als nächstes schlagt ihr die Sahne mit dem Sahnesteif und dem Vanillezucker steif. Mischt nun die Biskuitbrösel sowie die klein gewürfelten Ananasstücke mit der steif geschlagenen Sahne. Aus dieser Masse formt ihr kleine Bälle und wälzt sie in den Kokosraspeln. Stellt eure Mini-Schneebälle noch etwa 1 bis 2 Stunden in den Kühlschrank, bevor ihr sie werft … äh … esst!

Leckere Schneebälle

Schneemannsuppe

Zutaten (2 Portionen)
4 TL Trinkschokolade
2 TL geriebene Schokolade
2 TL Schokotröpfchen
Mini-Marshmallows
500 ml heiße Milch

Zubereitung

Schichtet die Zutaten in ein leeres Glas. Die Mischung mit 500 ml heißer Milch vermischen und fertig ist die Schneemannsuppe.

Kinderpunsch

Zutaten (6 Portionen)
1 l Früchtetee
1 l Orangensaft
1 l roter Traubensaft
1 Pck. Vanillezucker, 1 Zimtstange, Orangenscheiben, Nelken

Zubereitung

Vermischt alle Zutaten miteinander und erwärmt sie vorsichtig in einem Topf. Nehmt vor dem Servieren Zimtstange, Nelken sowie Orangenscheiben wieder heraus. Je nach Geschmack könnt ihr euren Kinderpunsch auch mit unterschiedlichen Saftsorten testen.

Ebenfalls erhältlich ...

ISBN 978-3-86246-384-8

ISBN 978-3-86246-551-4

ISBN 978-3-86246-619-1

ISBN 978-3-86246-665-8

www.j-berg-verlag.de

Impressum

Verantwortlich: Sabine Klingan
Lektorat/Redaktion: Daniela Hansjakob
Layout und Illustrationen: Eva-Maria Klaffenböck
Repro: Cromika, Verona
Kartografie: Bruckmann Verlag GmbH, Heidi Schmalfuß
Herstellung: Alexander Knoll
Printed in Slovenia by Florjancic

Sind Sie mit diesem Titel zufrieden? Dann würden wir uns über Ihre Weiterempfehlung freuen. Erzählen Sie es im Freundeskreis, berichten Sie Ihrem Buchhändler, oder bewerten Sie bei Onlinekauf. Und wenn Sie Kritik, Korrekturen, Aktualisierungen haben, freuen wir uns über Ihre Nachricht an J. Berg Verlag, Postfach 40 02 09, D-80702 München oder per E-Mail an lektorat@verlagshaus.de.

Unser komplettes Programm finden Sie unter 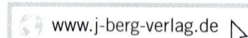 www.j-berg-verlag.de

Alle Angaben dieses Werkes wurden von den Autoren sorgfältig recherchiert und auf den neuesten Stand gebracht sowie vom Verlag geprüft. Für die Richtigkeit der Angaben kann jedoch keine Haftung übernommen werden, weshalb die Nutzung auf eigene Gefahr erfolgt. Insbesondere bei GPS-Daten können Abweichungen nicht ausgeschlossen werden. Sollte dieses Werk Links auf Webseiten Dritter enthalten, so machen wir uns die Inhalte nicht zu eigen und übernehmen für die Inhalte keine Haftung.

Autorenempfehlung
Sie sind auf der Suche nach weiterführender Literatur? Dann empfehlen wir Ihnen den Titel »Die schönsten Familienausflüge in und um München« von Ida Schusthusen und Lisa und Wilfried Bahnmüller. Oder Sie werfen einen Blick in die Zeitschrift »Bergsteiger«. Hier werden Sie bestimmt fündig.
Ihre Familie Lurz

Bildnachweis: Alle Bilder stammen von den Autoren mit folgenden Ausnahmen: S. 32 Lillian Tveit/Shutterstock, S. 33 rechts Kerry Hargrove/Shutterstock, S. 64 CGissemann/Shutterstock, S. 80 ArTDi101/Shutterstock, S. 81 Bobkov Evgeniy/Shutterstock, S. 85 RosenLR/Shutterstock, S. 86 gorillaimages/Shutterstock, S. 100 Aleksa Mikhailova/Shutterstock

Umschlagvorderseite: Ausblick vom Predigtstuhl ins Chiemgau (Tour 30)
Umschlagrückseite: Hängebrücke auf dem Zugspitzplateau (Tour 1)

Die Deutsche Nationalbibliothek verzeichnet diese Publikation in der Deutschen Nationalbibliografie; detaillierte bibliografische Daten sind im Internet über http://dnb.d-nb.de abrufbar.

ISBN 978-3-86246-623-8